Schriefl | Stoische Philosophie

Anna Schriefl

Stoische Philosophie

Eine Einführung

Reclam

RECLAMS UNIVERSAL-BIBLIOTHEK Nr. 14470
2019, 2024 Philipp Reclam jun. Verlag GmbH,
Siemensstraße 32, 71254 Ditzingen
info@reclam.de
Durchgesehene und aktualisierte Ausgabe 2024
Gestaltung: Cornelia Feyll, Friedrich Forssman
Druck und Bindung: Elanders Waiblingen GmbH,
Anton-Schmidt-Straße 15, 71332 Waiblingen
Printed in Germany 2025
RECLAM, UNIVERSAL-BIBLIOTHEK und
RECLAMS UNIVERSAL-BIBLIOTHEK sind eingetragene Marken
der Philipp Reclam jun. GmbH & Co. KG, Stuttgart
ISBN 978-3-15-014470-1
reclam.de

Inhalt

Vorwort

Im Herzen des Financial District in Manhattan steht an der Wallstreet Nr. 60 ein Wolkenkratzer, in dem derzeit die Deutsche Bank residiert. Im Erdgeschoss befindet sich ein neoklassizistisches Atrium, das der Öffentlichkeit zur Verfügung steht. Zwischen Palmen und Säulen sieht man dort Bauarbeiter bei der Pause, schlafende Obdachlose, Geschäftsleute, Touristen oder Straßenkünstler, die sich zum Üben ihrer Tricks verabreden. Seit etlichen Jahren sitzen dort einmal im Monat die ›New York City Stoics‹ an einem Tisch und besprechen Bücher zur stoischen Philosophie. Die Teilnahme steht allen offen.

Etwa 300 v. Chr. trafen sich die ersten antiken Stoiker auf dem Marktplatz von Athen. Ihre Treffen waren ebenfalls öffentlich, und sie verliefen möglicherweise recht ähnlich wie die der New York City Stoics. Die antiken Stoiker verbrachten vermutlich viel Zeit damit, Texte zu besprechen, etwa Platons Dialoge, Traktate des Schulleiters Zenon oder Schriften der konkurrierenden Philosophenschulen. Die Stoa hatte 500 Jahre lang Bestand, bis zum Ende des 2. Jahrhunderts n. Chr. Nach allem, was wir wissen, gab es danach keine aktiven Vertreter der Schule mehr. Dennoch war die Schule bis zum Ende der Antike und weit über sie hinaus enorm einflussreich. Viele zentrale Figuren der Philosophiegeschichte nahmen stoische Positionen auf oder setzten sich kritisch mit ihnen auseinander.

Eine neue Blüte erlebte die Stoa in der jüngsten Vergangenheit. Einerseits entsteht seit Ende des 20. Jahrhunderts mehr akademische Forschung zur antiken Stoa als jemals zuvor. Andererseits entdecken immer mehr Menschen jenseits der akademischen Forschung die stoische Philosophie für sich und versuchen, das eigene Leben nach ihr auszurichten. Einige englischsprachige Internetforen, in denen die stoische Philosophie diskutiert wird, haben zehntausende Mitglieder.

Das vorliegende Buch ist eine Einführung in die Philosophie der antiken Stoa. Es versteht sich als philosophische Einführung, die zentrale Positionen sowie einige ihrer Vorzüge und Probleme möglichst verständlich erläutern will. Der Schwerpunkt liegt dabei auf dem System, das in der frühen, hellenistischen Phase der Schule entwickelt wurde. Hinweise auf Forschungsliteratur sollen eine weiterführende Auseinandersetzung mit den Stoikern erleichtern.

Die Verweise auf die Primärquellen sind, soweit möglich, mit Angaben zur Quellensammlung von Anthony Long und David Sedley ergänzt, die 1987 erschien (*The Hellenistic Philosophers*). Diese Quellensammlung liegt auch in einer deutschen Übersetzung vor, die Karlheinz Hülser erstellt hat (*Die hellenistischen Philosophen. Texte und Kommentare*, 1999). Die Angabe »LS 45A« bezieht sich beispielsweise auf die Sammlung Long/Sedley, Kap. 45, Fragment A. Die deutschen Übersetzungen im vorliegenden Band stammen fast ausnahmslos von Karlheinz Hülser – entweder aus seiner Übersetzung von Long/Sedley oder aus seiner eigenen Quellensammlung (*Die Fragmente zur Dialektik der Stoiker*, 1987–1988).

Zeittafel

399 v. Chr.: Sokrates wird vom Athener Volksgericht zum Tod verurteilt.

Platon (428/427–348/347 v. Chr.)
Aristoteles (384–322 v. Chr.)

300 v. Chr.: Die ersten Stoiker treffen sich auf dem Athener Marktplatz.

Zenon (um 334/333 – um 262/261 v. Chr.)
Kleanthes (um 331/330 – um 230/229 v. Chr.)
Ariston (um 320 – um 240 v. Chr.)
Chrysipp (um 281 – um 204 v. Chr.)

Panaitios (um 180 – um 110 v. Chr.)
Poseidonios (um 135 – um 50 v. Chr.)

Cicero (106–43 v. Chr.), älteste Sekundärquelle zur antiken Stoa

Seneca (um 4 v. Chr. – 65 n. Chr.)
Epiktet (um 50 – um 138 n. Chr.)
Marc Aurel (121–180 n. Chr.)

2.–3. Jh. n. Chr.: Die Schriften der stoischen Gründerväter sind noch weit verbreitet und einflussreich. Sie werden von Sextus Empiricus, Alexander von Aphrodisias und Plotin kritisiert.

4. Jh. n. Chr.: Themistios berichtet, dass die letzten verfügbaren Bücher der stoischen Schulgründer in Konstantinopel kopiert werden.

6. Jh. n. Chr.: Simplikios schreibt, die meisten Bücher der Stoiker seien verloren.

Einleitung: Stoische Philosophie – ein erster Überblick

Um das Jahr 300 v. Chr. begannen in Athen die ersten regelmäßigen Treffen der Philosophen, die später als die Gründerväter der stoischen Philosophie bezeichnet wurden. Zu dieser Zeit waren in dieser antiken Metropole viele weitere namhafte Philosophenschulen ansässig. Unter anderem in Platons Akademie und Aristoteles' Lykeion herrschte noch reger Betrieb, und Epikur hatte gerade begonnen, in seinem Garten vor den Stadtmauern zu unterrichten. Im Unterschied zu diesen Schulen besaßen die Stoiker kein eigenes Gebäude. Sie trafen sich auf dem Marktplatz in der Säulenhalle (gr. *stoa*), von der sie später ihren Namen erhielten. Auf demselben Marktplatz hatte Sokrates noch etwa 100 Jahre vorher mit seinen Schülern diskutiert. Die Stoiker begriffen sich in vielen Hinsichten als seine Nachfolger.

Die Stoiker werden häufig den Epikureern gegenübergestellt. Die Stoiker werden dabei als strenge Asketen, die Epikureer als sinnliche Genussmenschen charakterisiert. Dieses Vorurteil wird jedoch beiden Schulen nicht gerecht. Das lustvolle Leben, das Epikur vorschwebt, besteht in einer Seelenruhe, die man einerseits durch die Beschränkung seiner Bedürfnisse erreicht, andererseits durch philosophische Studien, durch die man irrationale Ängste bekämpft. Der epikureische Hedonismus empfiehlt also keinesfalls ein Leben der sinnlichen Ausschweifungen, sondern Bedürfnisbeschränkung und philosophische Reflexion. Und auch die Ethik der Stoiker ist weniger körperfeindlich, als dies auf den ersten Blick scheinen mag. Die Stoiker halten einen tugendhaften Charakter für die einzige Voraussetzung des glücklichen Lebens. Daher ist es ihrer Theorie zufolge möglich, auch in widrigen Umständen glücklich zu sein. Doch die Stoiker leugnen nicht, dass körperliches Wohl und materielle Dinge wertvoll sein können. Die Tugend im Sinn der Stoiker ist also nicht als eine Art Vergeistigung oder Erleuchtung zu verstehen, durch welche man alles Körperliche und Weltliche hinter sich lassen kann. Vielmehr besteht Tugend in der Fähigkeit, den Wert aller Dinge richtig einzuschätzen und daher angemessen mit ihnen umzugehen.

Die Positionen der Epikureer und Stoiker widersprechen sich jedoch tatsächlich in vielen Hinsichten, etwa mit Blick auf ihre Erkenntnistheorie und die Bewertung von Emotionen.[1] Vor allem aber weichen ihre physikalischen Theorien und die damit verbundenen allgemeinen Weltanschauungen erheblich voneinander ab. Die Epikureer sind Materialisten. Ihrer Ansicht nach sind alle Dinge zufällige Zusammenfügungen von Atomen im leeren Raum. Im Gegensatz dazu verstehen die Stoiker den Kosmos als ein sinnvolles Ganzes, das von einer göttlichen Vernunft optimal für uns eingerichtet wird. Wir sind angehalten, uns an dieser vernünftigen Ordnung zu orientieren und ein Leben im Einklang mit der Natur zu führen. Wenn wir erkennen, dass die Gesetze des Kosmos – und nur diese – für uns verbindlich sind, dann sind wir nicht mehr nur Bewohner des Kosmos, sondern werden seine Bürger und somit im stoischen Sinn Kosmopoliten.[2]

Die Stoiker setzen sich in vielen Hinsichten mit den Epikureern auseinander. Die wichtigeren Gesprächspartner sind für sie jedoch möglicherweise die Skeptiker. Die akademischen Skeptiker kritisieren die – aus ihrer Sicht zu optimistische – stoische Erkenntnistheorie. Es ist, so die Skeptiker, nie auszuschließen, dass man sich täuscht. Selbst die klarsten Sinneseindrücke könnten auf Einbildungen beruhen. Im Gegensatz dazu sind die Stoiker der Ansicht, dass es möglich ist, im Alltag verlässliche Erkenntnisse zu bilden und davon ausgehend zu Wissen zu gelangen. Der stoische Weise wird sogar als unfehlbar beschrieben: Er irrt sich nie. Den Stoikern schwebt dabei allerdings keine allwissende Person vor. Man muss sich vielmehr klarmachen, dass ausgerechnet Sokrates für viele Stoiker als Verkörperung des stoischen Weisen galt. Sokrates beansprucht dabei nirgendwo, besonders viel zu wissen. Er ist aus Perspektive der Stoiker vielmehr deswegen weise, weil er, anders als die meisten anderen Menschen, seine eigenen Kenntnisse nicht überschätzt. Er erteilt seine Zustimmung niemals leichtfertig und hängt keinen ungeprüften Meinungen an.

In Abgrenzung zu den Skeptikern bezeichnet man die Stoiker häufig als ›Dogmatiker‹.[3] Damit ist gemeint, dass die Gründerväter der Stoa ein System an Lehrmeinungen entwickelten, das von den nachfolgenden Schulgenerationen als autoritativ anerkannt wurde. Doch die Stoiker sind nicht Dogmatiker in dem Sinn, dass sie die Lehrmeinungen der Gründerväter für unhinterfragbar hielten. Uns sind zahlreiche Kontroversen innerhalb der Stoa bekannt. Die stoische Lehre wurde, soweit wir das heute beurteilen können, stetig weiterentwickelt und immer wieder neu akzentuiert. Die Auseinandersetzung mit den Lehren der Gründerväter war also durchaus kreativ. Seneca sieht in der Eigenständigkeit jedes Stoikers ein wichtiges Merkmal der

Schule, das sie insbesondere von den Epikureern unterscheide: »Wir Stoiker werden von keinem König regiert: Jeder steht für sich selbst ein« (Seneca, *Ep.* 33.4).[4]

Die antiken Stoiker halten also ihre Schulleiter nicht für stoische Weise, die makellose, fehlerfreie Theorien aufstellen. Doch sie sind im Gegensatz zu den Skeptikern überzeugt, dass Wissen möglich ist, dass sich die Ordnung der Welt und unser Platz in ihr ergründen lässt. Dieses Wissen (und nicht bereits die Suche nach diesem Wissen) ist ihrer Ansicht nach die Voraussetzung für ein vollkommen glückliches Leben.

Dies bringt uns zu einem wichtigen Merkmal der stoischen Philosophie: Sie ist keine rein akademische Angelegenheit, sondern eine Lebensform. Ein antiker Stoiker ist also nicht unbedingt Autor philosophischer Werke. In erster Linie bemüht er sich, die Grundsätze des Stoizismus zu verinnerlichen und nach ihnen zu leben. In dieser Ausrichtung auf ein philosophisches Leben liegt ein maßgeblicher Unterschied zur heutigen universitären Philosophie. Die antiken Stoiker unterscheiden daher bisweilen die Philosophie (d. h. das philosophische Leben) vom philosophischen Diskurs oder von der philosophischen Theorie.[5] Ein Studium stoischer Theorien ist eine unverzichtbare Grundlage für das philosophische Leben, doch das philosophische Leben geht darüber hinaus.[6]

Die Stoiker teilen die Philosophie (bzw. genauer ausgedrückt: die philosophische Theorie) in drei Gebiete ein, die sie ›Physik‹, ›Logik‹ und ›Ethik‹ nennen. In der Logik beschäftigen sie sich mit den Regeln unseres Denkens und Sprechens. Daher gehören zu dieser Disziplin neben der formalen Logik auch Themen der Rhetorik, Sprachphilosophie, Grammatik und Erkenntnistheorie. Ein Hauptanliegen der stoischen Logik besteht darin, gegen die Skeptiker aufzuzeigen, dass wir auf der Basis unserer Sinneswahrnehmung verlässlich zu Erkenntnissen und zu Wissen gelangen können. Einzelne Erkenntnisse haben gewöhnliche Menschen recht häufig, doch Wissen im stoischen Sinn ist ein idealer Zustand, der nur vom Weisen erreicht wird.

In der Physik entwickeln die Stoiker eine Theorie über den gesamten Kosmos und unseren Platz in ihm. Dabei geht es im Wesentlichen darum zu verstehen, wie die göttliche Vernunft alle Dinge zusammenhält, ordnet und miteinander verbindet, und in welcher Weise sie auch in uns tätig ist. Diese Vernunft ist allerdings kein transzendentes Prinzip, das die physikalische Wirklichkeit übersteigt, sondern eine körperliche Kraft. Die Physik ist zudem die einzige Disziplin, die notwendig ist, um die Wirklichkeit zu verstehen. Daher kann die im Hellenismus vorherrschende Dreiteilung der Philosophie in Logik, Physik und Ethik an sich selbst bereits als radikale philosophische Position verstanden werden. Dieser Position zufolge gibt es keine Wissenschaft, die hierarchisch über der Physik steht, etwa Theologie, Ontologie oder Metaphysik. Diese Disziplinen fallen entweder völlig weg oder sind ganz und gar Teil der Physik (auf diesen Punkt werden wir im Kapitel zur stoischen Physik zurückkommen).

In ihrer Ethik vertreten die Stoiker eine besonders konsequente Version der Tugendethik: Ausschließlich Tugend ist nötig, um glücklich zu leben. Tugend wird dabei von den Stoikern mit Wissen gleichgesetzt, einem Zustand höchster innerer Kohärenz, bei dem man frei ist von Irrtümern, widersprüchlichen Annahmen und irrationalen Emotionen. Dieses Wissen, das ein tiefes Verständnis von Logik und Physik beinhaltet, erreicht nur der stoische Weise.

Die Dreiteilung der Philosophie in Logik, Physik und Ethik ist charakteristisch für die gesamte hellenistische Ära. Auch die Epikureer folgen diesem Schema. Doch insbesondere in der Stoa wird die Philosophie als ein Gesamtsystem verstanden, in dem die drei Gebiete eng miteinander verwoben sind. Logik, Physik und Ethik wurden von den Stoikern also nicht als autonome Disziplinen aufgefasst, die unverbunden nebeneinanderstehen, sondern als Teile einer organischen Einheit. Dies wird an den Bildern deutlich, mit denen die Stoiker den inneren Zusammenhang der drei Disziplinen illustrieren. So heißt es etwa, die Philosophie sei wie ein Tier: Die Knochen und Sehnen entsprächen der Logik, das Fleisch der Ethik und die Seele der Physik. Einem anderen Bild zufolge ist die Philosophie wie ein Ei: Die Logik stellt die Eierschale, die Ethik das Eiweiß und die Physik den Dotter dar (Diog. Laert. 7.39–41 = LS 26 B).

Unklar ist, wie der Philosophieunterricht aufgebaut war und ob man mit einer bestimmten Disziplin beginnen solle. In manchen Quellen heißt es, dass die Logik an erster, die Physik an zweiter und die Ethik an dritter Stelle zu unterrichten sei, doch es finden sich auch andere Reihenfolgen. Von Chrysipp etwa heißt es, er habe die Physik erst nach der Ethik unterrichtet, und von Poseidonios, er habe nicht mit der Logik, sondern mit der Physik begonnen (Plutarch, *Stoic. rep.* 9, 1035a–b = LS 26 C).

Die innere Einheit der drei Disziplinen wird bisweilen darauf zurückgeführt, dass alle drei Fächer sich mit der Vernunft (*logos*) aus unterschiedlichen Perspektiven befassen.[7]

Die Physik untersucht sie als kosmologisches Prinzip, das für den Bestand und die Ordnung der Welt verantwortlich ist. Die Logik konzentriert sich auf die menschliche Vernunft, auf Sprache und Denken, und untersucht deren Ausdrucksformen und Gesetzlichkeiten. Die Ethik bestimmt als Ziel das naturgemäße Leben, das darin besteht, die eigene Vernunft in Einklang mit der kosmischen Vernunft zu bringen.

Geschichtlicher Überblick

Als Alexander der Große 323 v. Chr. in Babylon starb, hatte er Griechenland zu einem Weltreich ausgedehnt. In seinen Feldzügen hatte er die Perser besiegt, Ägypten eingenommen und war im Osten bis zum Indus gelangt. Nach seinem frühen Tod – Alexander starb mit 32 Jahren – bestand das Weltreich, letztlich geteilt in drei Großreiche und mehrere kleinere Reiche, für noch etwa drei Jahrhunderte fort. Es reichte von Sizilien über Ägypten bis zum Hindukusch. Seit dem 19. Jahrhundert nennt man diese historische Epoche ›Hellenismus‹. Ihr endgültiges Ende liegt im Jahr 30 v. Chr. In diesem Jahr wurde Ägypten, damals unter der Herrschaft Kleopatras, als letzte griechische Provinz dem Römischen Reich einverleibt.

Auch in der Philosophie begann mit dem Hellenismus ein neues Zeitalter. Nicht mehr die Theorien von Platon und Aristoteles beherrschten die philosophischen Debatten. Im Mittelpunkt standen nun drei neue Schulen, nämlich die Stoiker, die Epikureer und die Skeptiker. Warum entstanden diese Schulen gerade zu jener Zeit? In der älteren Forschung wird meist eine Krise der griechischen Polis angeführt, die durch die Schlacht bei Chaironeia (338 v. Chr.) ausgelöst worden sei. Diese Schlacht besiegelte die Vorherrschaft der Makedonen in Griechenland, zunächst unter Philipp II. (um 382 – um 336 v. Chr.), dann unter seinem Sohn Alexander (356–323 v. Chr.). Vormals autonome Städte wie das stolze Athen wurden dabei Teil eines Großreichs, das bald immense Ausmaße annahm. Dieser Statusverlust der Polis, so die Sichtweise der älteren Forschung, habe gemeinsam mit dem vermehrten Einfluss fremder

Kulturen ein Bedürfnis nach ethischer Orientierung geweckt, auf das besonders die Stoiker und Epikureer mit ihren Angeboten zu einer philosophischen Lebensführung reagierten.

Die neuere Geschichtsforschung sieht keine Belege mehr für eine solche Krise der Polis. Inzwischen wird vielmehr ihre Vitalität im Hellenismus betont: Demokratische Institutionen bestanden fort, die außenpolitische Autonomie wurde in Teilen gewahrt, und die Kultur erlebte einen weiteren Aufschwung. Es liegt nahe, dass die Entstehung der hellenistischen Philosophenschulen eher durch die allgemeine kulturelle Blüte begünstigt wurde.

Eine zentrale Rolle spielten dabei die neuen Höfe, an denen sich bald Kultur- und Wissenschaftszentren erster Güte bildeten. Schon kurz nachdem Alexander im Jahr 331 v. Chr. die Stadt Alexandria in Ägypten gegründet hatte, entstand dort die größte Bibliothek der Welt. Eine weitere bedeutende Bibliothek eröffnete später in Pergamon, dem Reich der Attaliden. Die Bibliotheken wurden errichtet, um die Hellenisierung der neuen Gebiete voranzutreiben. Bald zogen sie Literaten und Gelehrte von überallher an. Insbesondere Alexandria wurde zum Zentrum von Literatur und Wissenschaft. Die Mathematik und die Astronomie erlebten dort mit Persönlichkeiten wie Euklid (um 300 v. Chr.), Aristarch (um 310 – um 230 v. Chr.) und Archimedes (um 287–212 v. Chr.) eine Glanzzeit.

Diese Entwicklung hatte Folgen für die Philosophie, deren unumstrittene Hauptstadt Athen blieb. Im 4. Jahrhundert waren dort die Schulen von Platon und Aristoteles sowie die Rhetorikschulen von Isokrates (436–338 v. Chr.) und Alkidamas (gest. um 375 v. Chr.) begründet worden.

Möglicherweise führte die Abwanderung von Literaten und insbesondere von Naturforschern nach Alexandria dazu, dass die Philosophie in Athen ihren Fokus eingrenzte und sich spezialisierte. Während vor allem Aristoteles sich noch mit Mathematik, Biologie und Astronomie beschäftigt hatte, konzentrieren sich die meisten hellenistischen Philosophen stärker auf Disziplinen, die noch heute zu den philosophischen Kernfächern gehören, nämlich auf die Ethik, Logik, Erkenntnistheorie und Ontologie. Diese Themen wurden mit einem zunehmend technischen Vokabular verhandelt und viel strenger systematisiert, als dies noch bei Platon oder bei Aristoteles der Fall gewesen war.

Zu den günstigen Bedingungen der Zeit zählt auch, dass Intellektuelle im Hellenismus von der breiteren Öffentlichkeit zunehmend geschätzt und respektiert wurden. Vormals standen die Athener den Philosophen, Rhetoren und Sophisten (zwischen denen die Bevölkerung nicht klar unterschied) zwiespältig gegenüber. Während einige begeistert waren von den Debatten und Lehrangeboten, reagierten andere ablehnend und sogar hasserfüllt. Tragischstes Beispiel hierfür ist der Gerichtsprozess gegen Sokrates im Jahr 399 v. Chr. Seine Ankläger, drei Athener Bürger, hatten ihm vorgeworfen, neue Götter einzuführen und die Jugend zu verderben. Das Volksgericht sprach Sokrates schuldig und verurteilte ihn zum Tod durch den Schierlingsbecher. Ähnliche Vorwürfe wie die, die zu Sokrates' Hinrichtung führten, wurden in Athen immer wieder gegen Intellektuelle erhoben.

Im Hellenismus flaute die Feindseligkeit offenbar ab. Zwar kam es 307/306 v. Chr. zu einem letzten für uns greifbaren Angriff auf die Philosophen. In diesem Jahr verabschiedeten die Athener ein Gesetz, das zur vorübergehenden Schließung der Schulen führte und einige Philosophen ins Exil zwang, unter ihnen Aristoteles' Nachfolger Theophrast (um 372 – um 286 v. Chr.). Das Gesetz hatte aber vermutlich rein politische Gründe. Es war nur für kurze Zeit in Kraft und drängte die Philosophie keineswegs zurück. Zu den Schulen, die zu der Zeit aktiv waren, gehörten Platons Akademie, Aristoteles' Lykeion sowie Bewegungen, die sich direkt auf Sokrates beriefen, besonders die Kyniker, die Kyrenaiker und die Megariker. Die Schulen zogen Tausende von Schülern an, darunter zahlreiche Athener, aber auch Griechen aus anderen Gebieten sowie Sklaven und Frauen (Aristoteles' Schule ist die einzige, für die keine Schülerinnen bezeugt sind). Allein Theophrast soll in seinem Leben zweitausend Schüler unterrichtet haben (Diog. Laert. 5.37).

Um das Jahr 300 v. Chr. herum bildeten sich inmitten dieses regen Philosophiebetriebs zwei neue Schulen: Epikur kaufte seinen Garten an den Stadtmauern Athens, und die ersten Stoiker trafen sich auf dem Marktplatz. Etwa 30 Jahre später etablierte sich in Platons Akademie unter dem Schulleiter Arkesilaos die sogenannte Akademische Skepsis. Die in Athen ansässigen Philosophen standen dabei in lebhaftem Austausch miteinander. Die Zeugnisse legen nahe, dass die Stoiker, Epikureer und Skeptiker viele ihrer Lehren in einer kritischen Diskussion miteinander entwickelten. Die Kritik, die sie aneinander übten, führte zur Schärfung der Argumente und Zuspitzung der Positionen. Einige Schulen verfügten über Bibliotheken, so dass sie sich nicht nur mit ihren Zeitgenossen, sondern auch mit vielen Vorgängern auseinandersetzen konnten. Hunderte von neuen Büchern wurden veröffentlicht und zirkulierten in der Stadt. Leider wissen wir davon nur aus indirekten Zeugnissen. Die damals entstandenen Bücher gingen ausnahmslos verloren (s. dazu S. 38–41).

Die Hauptvertreter der Stoa

Einer traditionellen Einteilung zufolge unterscheidet man drei Phasen der antiken Stoa, nämlich erstens die ältere Stoa, zweitens die mittlere Stoa und drittens die jüngere bzw. römische Stoa. Zur älteren Stoa zählen Zenon, der Gründer der Schule, seine unmittelbaren Schüler sowie Chrysipp und seine Schüler. Die wichtigsten Vertreter der sogenannten mittleren Stoa sind Panaitios und Poseidonios. Die Rede von einer ›mittleren Stoa‹ hat sich im 19. Jahrhundert eingebürgert. Zu dieser Zeit herrschte die Sichtweise vor, dass Panaitios und Poseidonios die stoische Philosophie in wichtigen Hinsichten modifiziert hatten, insbesondere mit Blick auf Psychologie und Ethik. In neuerer Zeit wird demgegenüber betont, dass die Autoren der ›mittleren Stoa‹ sich doch weitgehend im Rahmen der alten Stoa bewegt haben.[1] Die jüngere oder römische Stoa umfasst die Autoren, die nach dem Ende des Hellenismus aktiv waren. Von einigen dieser Autoren besitzen wir vollständige Texte, nämlich von Seneca, Epiktet und Marc Aurel. Daher steht die Forschung zu diesen Autoren auf einer völlig anderen Grundlage als die zur frühen, hellenistischen Phase der Schule.

Zenon, Kleanthes, Chrysipp, Ariston

Die Gründerväter der Stoa sind Zenon, Kleanthes und Chrysipp. Ihre Ansichten genossen auch bei ihren Nachfolgern hohe Autorität. Über Zenon (um 334/333 – um 262/261 v. Chr.), den Gründer der Stoa, wird berichtet, dass er aus Kition in Zypern stammte und mit Anfang 20 nach Athen kam, also im Jahr 311/310. Den antiken Berichten zufolge las Zenon bereits in seiner Jugend Platons Dialoge, die ihm sein Vater von Geschäftsreisen aus Athen mitgebracht hatte. Nach seiner Ankunft in Athen schloss er sich den Berichten zufolge zunächst dem Kyniker Krates (um 365 – um 285 v. Chr.) an. (Die Kyniker sind eine Schule sokratischer Tradition, auf die wir noch häufiger zurückkommen werden.) Auch bei anderen Philosophen soll er studiert haben, darunter jahrelang in Platons Akademie. Wir können heute nicht mehr beurteilen, ob die antiken Berichte über Zenons philosophische Ausbildung der Wahrheit entsprechen. Sie gehören der sogenannten Sukzessionsliteratur an. Schriften dieses Typs teilen nicht nur einzelne Schulen, sondern die gesamte Philosophiegeschichte in Traditionslinien ein. Dabei wird die Stoa stets in die Nachfolge des Sokrates gestellt. Vor allem aus diesem Grund wird in den Quellen betont, dass Zenon bei Krates und anderen Sokratikern studiert hat. Tatsächlich sind in der stoischen Philosophie starke sokratische Einflüsse greifbar, insbesondere in der Ethik.[2] Deutlich ist ebenfalls, dass die Stoiker sich eingehend mit Platons Philosophie auseinandergesetzt haben. Einige Details aus der stoischen Physik können als direkte Reaktion auf Platons Dialoge *Sophistes* und *Timaios* interpretiert werden.

Um 300 v. Chr. begann Zenon, als Philosoph und Lehrer aufzutreten. Sein Unterricht fand öffentlich und im Zentrum Athens statt, nämlich in der bunt bemalten Säulenhalle am nordwestlichen Ende der Athener Agora. Anfangs hießen seine Anhänger Zenonier (gr. *Zênôneioi*). Später nannte man sie nach ihrem Treffpunkt: Sie waren die Philosophen der Säulenhalle (*stoa*). In der Antike war Zenons bekanntestes Werk seine *Politeia*. Soviel wir wissen, vertrat er darin eine radikale kosmopolitische Theorie, die mit der Zurückweisung vieler gesellschaftlicher Konventionen einherging. Den Zeugnissen zufolge sprach er sich darin für die Abschaffung von Geld, Ehe, Tempeln und der geschlechterspezifischen Kleiderordnung aus. Insgesamt werden Zenon 20 Buchtitel zugeschrieben, darunter Werke zur Ethik, Logik und Physik. Die Athener haben Zenon hochgeschätzt. Diogenes Laertius zufolge haben sie ihm die Schlüssel der Stadtmauern anvertraut, eine Bronzestatue sowie eine goldene Krone gestiftet und nach seinem Tod ein Ehrendekret für ihn erlassen (Diog. Laert. 7.6–12). Wenn der Bericht stimmt, ist Zenon der erste Philosoph, dem diese Ehre zuteilwurde.

Zenon hatte zahlreiche Schüler, unter ihnen Kleanthes (um 331/330 – um 230/229 v. Chr.), der nach Zenons Tod die Schulleitung übernahm und für 30 Jahre innehatte. Kleanthes stammte aus Assos, einem Küstenort in Kleinasien in der heutigen Türkei, der gegenüber der Insel Lesbos liegt. Über sein Leben ist wenig Verlässliches überliefert. Er soll ursprünglich Boxer gewesen sein und in Athen seinen Lebensunterhalt durch nächtliche handwerkliche Dienste, etwa die Bewässerung von Gärten, verdient haben. Während von den anderen frühen Stoikern nur kurze Fragmente erhalten sind, wurde von Kleanthes ein längerer Text überliefert: eine Hymne an Zeus, die 33 Verse umfasst. Außerdem werden Kleanthes vier Bücher über den frühen griechischen Philosophen Heraklit (um 520 – um 460 v. Chr.) zugeschrieben, der daher als einflussreiche Quelle des Stoizismus gilt.

Der dritte Vertreter der alten Stoa ist Chrysipp (um 281 – um 208 v. Chr.), der häufig als zweiter Schulgründer bezeichnet wird. Er war ebenfalls kein gebürtiger Athener, sondern stammte aus Soloi, einer Hafenstadt in der Provinz Kilikien in Kleinasien, im Süden der heutigen Türkei. Etwa 232 v. Chr. wurde er Leiter der stoischen Schule. Er verfasste ebenfalls eine *Politeia*, in der er Inzest und Kannibalismus befürwortet haben soll (ich werde im Kapitel zur stoischen Ethik darauf zurückkommen). Ansonsten entwickelte er maßgeblich die stoische Logik, trug zur Systematisierung der Lehre bei und entschied einige inhaltliche Auseinandersetzungen innerhalb der Schule. Unsere heutigen Versuche, die Philosophie der älteren Stoa zu rekonstruieren, beruhen im Wesentlichen auf Zeugnissen aus seinen Texten.

Eine weitere wichtige Figur aus der Anfangszeit der Stoa ist Ariston (um 320 – um 240 v. Chr.). Er widersprach der ›stoischen Orthodoxie‹ in vielen Punkten. Beispielsweise soll er die Beschäftigung mit Logik und Physik rundheraus abgelehnt und allein die Ethik für relevant gehalten haben. Zudem vertrat er gegen die stoische Mehrheitsmeinung die Ansicht, es gebe nur eine Tugend. Die Rede von unterschiedlichen Tugenden wie Gerechtigkeit oder Besonnenheit sei daher irreführend. Besonders bekannt ist er dafür, dass er mit Zenon über einen wichtigen Aspekt der stoischen Werttheorie uneins war. Zenon war der Auffassung, dass es innerhalb der indifferenten Dinge – das sind Dinge, die nach stoischer Auffassung für das glückliche Leben nicht entscheidend sind – eine weitere Abstufung gibt; einige seien vorzuziehen, andere zu vermeiden. Dieser Auffassung zufolge ist beispielsweise die Gesundheit etwas Indifferentes, jedoch gegenüber Krankheit vorzuziehen. Ariston vertrat dagegen die radikalere Position, der zufolge alle indifferenten Dinge als gleichwertig zu betrachten sind, Gesundheit und Krankheit sich also in ihrer Wertlosigkeit nicht voneinander unterscheiden. Möglicherweise entwickelten die Stoiker ihre Werttheorie sogar in Auseinandersetzung mit Aristons Position.

Innerschulische Auseinandersetzungen wie die zwischen Zenon und Ariston werfen eine Frage auf: Inwiefern sind wir überhaupt dazu berechtigt, von der ›Stoa‹ und ›stoischer Philosophie‹ zu sprechen, wenn es sich offenbar um eigenständige Philosophen handelte, deren Positionen voneinander abwichen und sich sogar teilweise widersprachen? Auf diese Frage werde ich weiter unten zurückkommen (S. 36–38).

Panaitios und Poseidonios

Panaitios (um 180 – um 110 v. Chr.) stammte aus Rhodos. Er studierte zunächst in Pergamon beim dortigen Leiter der Bibliothek, einem Grammatiker und Stoiker namens Krates von Mallos (gest. um 145 v. Chr.). In Athen setzte er sein Studium bei Diogenes von Babylon (um 240 – um 150 v. Chr.) fort, der Schüler von Chrysipp war. Er wurde 128

v. Chr. Leiter der stoischen Schule. Panaitios soll sich intensiv mit Platon befasst und sogar philologische Studien zu seinen Dialogen publiziert haben. Dies hat man häufig als Indiz dafür gewertet, dass die Stoiker dieser Generation Platon und Aristoteles nicht mehr nur als Gegner wahrnahmen, sondern zunehmend als philosophische Autoritäten anerkannten. Eine intensive Auseinandersetzung mit Platon und Aristoteles ist jedoch bereits für die ältere Stoa nachweisbar. Ob Panaitios tatsächlich als Erster platonische oder aristotelische Elemente in die Ethik integriert hat, ist daher strittig.

Poseidonios (um 135 – um 50 v. Chr.) kam aus Apameia, einer Stadt im heutigen Syrien. Er studierte in Athen bei Panaitios und ging anschließend nach Rhodos, wo er die längste Zeit seines Lebens verbrachte. Dort wurden ihm Bürgerrechte verliehen, so dass er auch politische Ämter übernehmen konnte. In den antiken biographischen Berichten wird häufig betont, dass er sich in der Tradition des Aristoteles auch für Themen der Astronomie, Biologie und Meteorologie interessierte und zudem zu Studienzwecken den gesamten Mittelmeerraum bereiste. Laut einem Bericht von Galen, einem antiken Arzt und Gelehrten (um 129 – um 200/216 n. Chr.), folgte Poseidonios zudem der platonischen Lehre einer dreigeteilten Seele. Dieser Lehre zufolge weist die menschliche Seele neben einem vernünftigen Teil zwei unvernünftige Teile auf. Die ältere Stoa hatte dagegen die Seele als Einheit aufgefasst, die keine nicht-rationalen Teile enthält. Ob es wirklich nennenswerte Diskrepanzen zwischen der sogenannten älteren und mittleren Stoa gegeben hat, ist aufgrund der Quellenlage nicht leicht zu beurteilen. In der neueren Forschung wird eher die Kontinuität der stoischen Lehre hervorgehoben.[3]

Die beiden erwähnten Vertreter der mittleren Stoa sind allein schon deswegen bedeutsam, weil sie großen Einfluss auf Marcus Tullius Cicero (106–43 v. Chr.) ausübten, der seinerseits eine unserer wichtigsten Quellen für die stoische Philosophie ist. Panaitios' Schrift *Über die Pflichten* (*Peri kathêkonta*) diente Cicero als Vorlage für seinen Traktat *De officiis*. Mit Poseidonios stand Cicero sogar in direktem Kontakt. Er besuchte eine seiner Vorlesungen in Rhodos, sandte ihm ein (griechisches) Manuskript zu, in welchem er über seine Tätigkeit als Konsul berichtete, und bezeichnete ihn wiederholt als Lehrer und Freund.[4] Cicero verstand sich selbst nicht als Stoiker, sondern am ehesten als Vertreter der akademischen Skepsis. Er stand der Stoa jedoch positiv gegenüber und hielt viele ihrer Positionen für bedenkenswert. Seine Darstellungen der stoischen Philosophie sind daher von unschätzbarem Wert: Erstens stand er den hellenistischen Stoikern sehr nahe; er hatte Zugang zu ihren Texten und Einblick in stoischen Philosophieunterricht. Zweitens diskutiert er stoische Positionen aus einem eigenen philosophischen Interesse heraus. Daher fasst er nicht nur Lehrsätze zusammen, sondern bietet auch Kontexte und Argumente. Und drittens geht es ihm nicht darum, die Position der Stoiker zurückzuweisen. Er kritisiert zwar einzelne Aspekte der stoischen Philosophie, doch sein Ziel besteht nicht darin, sie insgesamt zu diskreditieren. Viele andere Berichte zur stoischen Philosophie, auf die wir uns wegen der schlechten Quellenlage verlassen müssen, verfolgen demgegenüber das Ziel, die stoische Philosophie in ein schlechtes Licht zu rücken, Mängel aufzuzeigen oder auf ihre Absurdität hinzuweisen. Es liegt auf der Hand, dass sie wenig Wert darauf legten, die stoischen Theorien möglichst akkurat zusammenzufassen oder die überzeugendsten Argumente für ihre Position zu berücksichtigen.

Die römische Stoa

Bereits im 2. Jahrhundert v. Chr. wurde die Stoa in Rom bekannt, und seit dem späten 1. Jahrhundert v. Chr. waren dort Stoiker aktiv. Zu diesen gehörte Cato der Jüngere (95–46 v. Chr.), ein General und Senator, der von nachfolgenden Generationen als stoischer Weiser gerühmt wurde. Nach dem Zerfall des hellenistischen Großreichs entwickelte sich die Stoa im Römischen Reich zu einer überaus aktiven und höchst einflussreichen Schule. Die wichtigsten Vertreter der römischen Stoa sind Seneca, Epiktet und Marc Aurel. Daneben sind auch Hierokles, Musonius Rufus und Kleomedes zu nennen.

Lucius Annaeus Seneca (um 4 v. Chr. – 65 n. Chr.) ist der erste Stoiker, dessen Texte direkt überliefert wurden. Wir besitzen zwölf sogenannte Dialoge zu ethischen Themen, eine Sammlung von 124 Briefen an Lucilius mit stoischen Lehrinhalten, zwei Essays zu ethischen Fragen und ein Werk in acht Büchern zur Naturphilosophie. Die Schriften befassen sich vor allem mit lebenspraktischen Dingen wie Trauer, Krankheit, Furcht vor dem Tod oder der Zeitspanne des eigenen Lebens. Selbst in den *Naturales Quaestiones*, die vor allem von Wetterphänomenen handeln, geht es darum, durch das Studium des Kosmos eine angemessene

Perspektive auf das eigene Leben zu erhalten. Seneca schrieb neben philosophischen Texten auch bedeutende Tragödien, von denen acht erhalten sind, sowie eine politische Satire auf Kaiser Claudius (10 v. Chr. – 54 n. Chr.). Seine Reden sind nicht überliefert.

Zeitweise wurde Seneca als philosophischer Autor eher kritisch beurteilt: Argumentativ falle er weit hinter die klassische Antike zurück, zudem habe er kaum technisches Interesse an den Lehrinhalten und missverstehe in vielen Punkten die stoische Orthodoxie. Doch inzwischen wird vermehrt die psychologische Tiefe seiner Schriften gewürdigt und die Eindringlichkeit seiner Texte als Stärke gewertet. Seneca war zudem historisch extrem einflussreich. In der späteren Philosophiegeschichte gewannen viele Autoren ihre Kenntnis der stoischen Philosophie maßgeblich aus seinen Texten. Diese waren unter anderem deswegen weit verbreitet, weil ein erwiesenermaßen fiktiver Briefwechsel zwischen ihm und dem Apostel Paulus für echt gehalten wurde und Seneca infolgedessen als Freund des Christentums galt. Auch über Senecas Leben wissen wir deutlich mehr als über die Biographien seiner Vorgänger. Er stammte aus Corduba im heutigen Spanien, erhielt in Rom eine ausgezeichnete Ausbildung und wurde einflussreicher politischer Amtsträger. Unter anderem war er fast zehn Jahre lang Berater von Kaiser Nero (37–68 n. Chr.). Im Jahr 65 n. Chr. verdächtigte Nero ihn, sich an einer Intrige gegen ihn beteiligt zu haben, und zwang ihn zur Selbsttötung.

Musonius Rufus (vor 30 – um 101 n. Chr.), ist ein zweiter wichtiger Vertreter der jüngeren Stoa. Es ist unklar, ob Musonius je etwas veröffentlicht hat. Einflussreich scheint er insbesondere wegen seines Unterrichts gewesen zu sein.

Zwei seiner Schüler haben Aufzeichnungen seiner Lehren publiziert, die teilweise überliefert sind. Eine der beiden Aufzeichnungen ist durch lange Zitate bei Stobaios in weiten Teilen erhalten. Darunter findet sich eine Abhandlung, die sich mit der Gleichberechtigung der Geschlechter befasst und Eltern empfiehlt, ihren Töchtern dieselbe Erziehung zukommen zu lassen wie ihren Söhnen.

Der berühmteste Schüler von Musonius Rufus ist Epiktet (um 50 – um 138 n. Chr.), ein freigelassener Sklave. Er stammte ursprünglich aus Hierapolis in Phrygien an der kleinasiatischen Küste und war in Rom in den Diensten des hochrangigen Beamten Epaphroditus, der am Hof von Nero und später bei Domitian (51–96 n. Chr.) tätig war. Noch als Sklave besuchte Epiktet Vorlesungen bei Musonius. Seine eigene Lehrtätigkeit begann Epiktet aller Wahrscheinlichkeit nach in Rom. Später ging er nach Nikopolis, als Kaiser Domitian sämtliche Philosophenschulen aus Italien verbannte. In Nikopolis hörten ihn viele Besucher aus Rom. Mitunter empfing er sogar hochrangigen Besuch, etwa Kaiser Hadrian (76–138 n. Chr.). Er lehrte dort bis zu seinem Tod.

Unter Epiktets Namen sind zwei Werke in griechischer Sprache überliefert, die *Diatriben* (*Unterredungen*) und das *Enchiridion* (*Handbüchlein*). Beide wurden nicht von ihm selbst geschrieben, sondern von seinem Schüler Arrian (um 85/90 – um 145/146 n. Chr.), der jedoch im Vorwort zu den *Diatriben* versichert, er gebe gewissenhaft den orlginalen Wortlaut seines Lehrers wieder. Die heutige Forschung folgt dieser Darstellung mehrheitlich, vor allem aufgrund stilistischer Beobachtungen. Arrian wählt in den unter seinem eigenen Namen veröffentlichten Schriften einen literarischen Stil; demgegenüber sind die Bücher Epiktets in der etwas einfacheren *koinê*, dem im Hellenismus entstandenen Allgemeingriechisch, gehalten. Dies legt nahe, dass Arrian zumindest den Anspruch hatte, Epiktets Wortlaut zu folgen, auch wenn Auswahl und Darstellung sicherlich subjektiv gefärbt sind. Von den *Diatriben* sind vier Bücher erhalten, wahrscheinlich war das Werk jedoch ursprünglich umfangreicher. Das *Enchiridion* ist eine dichte Zusammenfassung der *Diatriben* und stammt ebenfalls aus der Feder Arrians.

Ein zentrales Thema für Epiktet ist die Unterscheidung zwischen dem, was bei uns, und dem, was nicht bei uns liegt. Dies ist grundlegend für die Güterlehre und Emotionstheorie: Für das Glück sind nur diejenigen Dinge relevant, die unserer Kontrolle unterliegen; alles andere ist irrelevant und sollte daher keine Gefühle erregen. Epiktet war in der Antike hoch angesehen. Der christliche Autor Origenes (um 184 – um 235 n. Chr.) vergleicht seinen Status sogar mit dem des Sokrates. Das *Enchiridion* wurde im 6. Jahrhundert von dem Neuplatoniker Simplikios (um 480/490 – nach 560 n. Chr.) kommentiert. Es ist das einzige stoische Werk, das von der antiken Kommentarliteratur berücksichtigt wurde (fast alle anderen philosophischen Kommentare widmen sich Werken von Platon und Aristoteles). Seit 1497 kursierte im Westen eine lateinische Übersetzung des *Enchiridion*, die großen Einfluss entfaltete.

Marc Aurel (121–180 n. Chr.), der von 161 bis 180 Kaiser des Römischen Reichs war, hinterließ ein Buch mit Reflexionen und Übungen. Im Deutschen wird bisweilen – neben dem Titel *Meditationen* – auch der Titel *Selbstbetrachtungen* als Übersetzung des griechischen Titels *Ta eis heau-*

ton (wörtlich: ›An sich selbst gerichtete Dinge‹) verwendet. Der griechische Titel ist zum ersten Mal im 10. Jahrhundert nachweisbar. Marc Aurel hat seinem Werk vermutlich keinen Titel gegeben; es war aller Wahrscheinlichkeit nach nicht zur Veröffentlichung gedacht.

Marc Aurel war ein Bewunderer Epiktets und verstand sich, obwohl er ihn nie selbst getroffen hatte, als dessen Schüler. Von einigen Interpreten wird er nicht zu den stoischen Philosophen gerechnet, weil er weder als selbständiger Denker noch als Lehrer auftrat. Seine Niederschrift hat tatsächlich nicht den Charakter eines Traktats oder einer Lehrschrift. Man nimmt an, dass er seine Überlegungen zum Zweck der eigenen Charakterschulung notierte. In den kurzen Skizzen geht es meist darum, stoische Grundsätze zu reflektieren und damit die Perspektive auf sich, die Welt und die Mitmenschen zu verändern. Zweifellos ist es ein besonderes Erlebnis, in dem Werk zu lesen; obwohl es kaum private Details enthält, hat man den Eindruck, dem Verfasser sehr nahezukommen.

Zur jüngeren Stoa zählt zudem Hierokles, der im 2. Jahrhundert n. Chr. gelebt haben muss.[5] Bis Ende des 19. Jahrhunderts waren nur wenige Fragmente aus einem seiner Werke bekannt, das den Titel *Über die angemessenen Handlungen* trägt. Ausschnitte daraus sind durch Zitate bei Johannes Stobaios (5. Jh. n. Chr.) überliefert und enthalten Überlegungen zur kosmopolitischen Theorie. Da sonst nichts über einen stoischen Autor namens Hierokles bekannt war, wurden diese Fragmente meist dem gleichnamigen Neuplatoniker zugeschrieben, der im 5. Jahrhundert n. Chr. in Ägypten lebte. Im Jahr 1901 wurde jedoch auf einem Papyrus aus Hermopolis ein 300 Zeilen langer Traktat namens *Elemente der Ethik* entdeckt, der sich der *oikeiôsis*-Lehre widmet. Hans von Arnim wies nach, dass dieser Text aufgrund stilometrischer und struktureller Parallelen demselben Hierokles zuzuschreiben ist, den Stobaios zitiert. Damit erwies sich auch endgültig, dass der stoische Hierokles ein anderer Autor ist als sein neuplatonischer Namensvetter.

Gibt es ›die Stoiker‹?

Wer sich heute mit Platon oder Aristoteles beschäftigt, untersucht deren Schriften sehr kleinteilig und geht mit großer Vorsicht vor. Man gesteht den Autoren zu, in unterschiedlichen Texten separate Gedanken entwickelt und ihre Position sogar geändert zu haben, und spricht daher beispielsweise vom ›Platon der mittleren Dialoge‹. So wirkt es verwegen und geradezu fahrlässig, dass man im Gegensatz dazu von der einen ›stoischen Philosophie‹ oder allgemein von den ›Stoikern‹ spricht und damit mehreren Denkern aus verschiedenen Jahrhunderten eine einheitliche Denkweise zuschreibt. Dies gilt umso mehr, als uns einige innerschulische Kontroversen bekannt sind, beispielsweise die bereits erwähnte Debatte darüber, ob indifferente Dinge einen positiven oder negativen Wert aufweisen können.

Die Stoiker begriffen sich selbst allerdings schon in der Antike als Schule und wurden von anderen auch als solche wahrgenommen. Im Unterschied zu Platons Akademie, Aristoteles' Lykeion oder Epikurs Garten stand den Stoikern zwar kein eigenes Gebäude zur Verfügung, sondern sie trafen sich wahrscheinlich noch bis ins 1. Jahrhundert

v. Chr. auf dem Athener Marktplatz. Dennoch bildeten sie eine formale Institution, die beispielsweise die Nachfolge der Schulleiter regelte und sich um die Finanzierung der Lehre kümmerte.[6] Wie dies genau vonstattenging, können wir leider nicht sicher sagen: Weder ist bekannt, welchen Status Philosophenschulen allgemein in Athen hatten, noch wissen wir, wie lange das Studium dauerte, auf welche Weise man sich einer Schule anschloss und wie über die Nachfolge der Schulleiter entschieden wurde. Auch wissen wir mit Blick auf die Stoa nichts darüber, wie das Verhältnis zwischen der Athener Schule und einzelnen Zweigen war, die es zu verschiedenen Zeiten an unterschiedlichen Orten gab.

Als Sulla (um 138 – 78 v. Chr.) 86 v. Chr. Athen plündern ließ, gerieten die Athener Schulen in eine Krise. In der Folgezeit dezentralisierte sich der Philosophiebetrieb allmählich und verlagerte sich in verschiedene Gebiete. Philosophische Aktivitäten gab es nun ebenfalls in Rom und Alexandria. Damit endete auch die hohe Bedeutung der Schulleiter in Athen. Eine einheitsstiftende Funktion übernahmen fortan vermehrt die Bücher der Schulgründer. Die Auslegung autoritativer Werke war vor allem bei den Platonikern und Aristotelikern beliebt, die im 1. Jahrhundert wieder verstärkt auftraten und an Einfluss gewannen. Doch auch in der Stoa wurde das Studium von Texten ein wichtiges Medium des Philosophierens.[7] Diese Entwicklung ist ein Grund dafür, dass zwischen dem 1. Jahrhundert v. Chr. und dem 3. Jahrhundert n. Chr. so viele Werke verfügbar waren wie in keiner anderen Phase der Antike. Die Philosophen dieser Zeit identifizierten sich in besonderem Maße mit den Theorien ihrer jeweiligen Schulgründer und hatten den Anspruch, ihre ursprünglichen Intuitionen weiter auszuführen und gegen Angriffe zu verteidigen.

Es bestehen also gute Gründe dafür, allgemein von einer stoischen Philosophie zu sprechen. Die Stoiker ordneten sich selbst in diese Traditionslinie ein und bezogen sich noch hunderte Jahre nach dem Tod Zenons oder Chrysipps auf deren Schriften. Allerdings muss man sich trotzdem immer wieder deutlich machen, dass die ›stoische Philosophie‹ ein Konstrukt ist. Die einzelnen Stoiker waren autonome Denker, die sich eigenständig mit den stoischen Grundsätzen befassten. Könnten wir ihre Bücher lesen, würden wir sicher erhebliche Unterschiede zwischen ihnen feststellen.

Der Verlust der stoischen Schriften

Trotz ihres großen historischen Einflusses wissen wir über die Stoiker noch immer deutlich weniger als über Platon oder Aristoteles. Dafür ist vor allem die Überlieferungslage verantwortlich. Tatsächlich ist diese denkbar schlecht. Von Platon sind sämtliche Dialoge überliefert, die er veröffentlicht hat. Auch von Aristoteles ist ein umfangreiches Textkorpus erhalten. (Die von ihm selbst veröffentlichten Schriften gingen zwar fast vollständig verloren; doch uns liegen etwa 30 Bücher und Traktate in Manuskriptform vor, die vermutlich für den Unterricht bestimmt waren.) Im Gegensatz dazu besitzen wir von keinem der Stoiker vor Seneca auch nur einen einzigen vollständigen Text.

Wir wissen aus antiken Werkverzeichnissen und anderen Quellen, dass gerade in der ersten Phase der Stoa ungemein viele Bücher entstanden. Beispielsweise soll allein Chrysipp über 705 Traktate verfasst haben (Diog. Laert. 7.180). Kein einziger davon blieb erhalten. Ihre Inhalte müssen wir mühsam rekonstruieren, indem wir Zitate, Paraphrasen, polemische Anspielungen und Zusammenfassungen auswerten, die sich bei späteren Autoren finden. Nur von Kleanthes ist uns ein etwas längerer Text erhalten, sein *Hymnos an Zeus*. Auch dieser Text wurde allerdings nicht direkt überliefert; wir kennen ihn, weil ihn der antike Autor Stobaios ausführlich zitiert. Erst aus der römischen Stoa besitzen wir vollständige Texte, nämlich von Seneca, Epiktet und Marc Aurel. Der Fokus dieser Texte liegt jedoch auf der Ethik, und selbst dort eher weniger auf Grundsatzüberlegungen als auf konkreten Hinweisen zur Lebensführung. Daher vermitteln sie zwar eine eindrückliche Vorstellung davon, was es bedeutet, einen stoischen Charakter einzuüben und an einer stoischen Technik der Lebensführung zu arbeiten. Sie helfen aber nur begrenzt bei der Rekonstruktion vieler Theoreme, die in der älteren Stoa entwickelt wurden.

Warum gingen die Bücher der frühen Stoiker verloren, während wir alle Texte, die Platon veröffentlicht hat, heute noch lesen können? Hierzu muss man zunächst wissen, unter welchen Bedingungen antike Texte normalerweise überliefert wurden. In der griechischen und römischen Antike wurden Texte meist auf Papyrus geschrieben und als Schriftrollen aufbewahrt. In trockener Lagerung können solche Rollen zwar, wie Papyrusfunde zeigen, jahrtausendelang überstehen. Doch unter normalen Umständen ist das Material verderblich. Im 4. Jahrhundert n. Chr. begann man, auf das haltbarere, aber teurere Pergament zu schreiben, das in Buchform gebunden wurde. Doch auch das Pergament hielt nicht unbegrenzt. Bis zur Erfindung des Buchdrucks im 15. Jahrhundert musste man Texte daher regelmäßig abschreiben, um sie erhalten zu können. Häufig fertigten Sklaven die Abschriften an, später gewerbliche Schreiber oder Mönche.

Der hohe Arbeitsaufwand erklärt, warum viele Schriften noch vor dem Ende der Antike verloren gingen. Immer wieder musste entschieden werden, ob sich eine neue Abschrift lohnt. Dabei folgten die Besitzer oder Verwalter der Bibliotheken eigenen Vorlieben und der Mode ihrer Zeit. Vermutlich gingen in der Spätantike besonders viele Bücher verloren, als man mit der Umstellung von Papyrus auf Pergament begann. Unfälle wie Brände in Bibliotheken waren dagegen wahrscheinlich nicht maßgeblich für größere Bücherverluste verantwortlich. Sie waren nur für solche Bücher kritisch, von denen nur wenige oder gar keine Kopien im Umlauf waren.

Man kann nicht mit Sicherheit angeben, wann die Bücher von Zenon, Ariston, Kleanthes, Chrysipp, Poseidonios und anderen verloren gingen. Plutarch (um 45 – 125 n. Chr.) hatte im 1. Jahrhundert n. Chr. noch Zugriff auf alle wichtigen Werke der stoischen Gründerväter. Im 2. Jahrhundert n. Chr. berichtet Marc Aurel, er habe in den Werken von Ariston gelesen. Und noch Plotin (205–270 n. Chr.) stehen im 3. Jahrhundert n. Chr. viele Werke zur Verfügung. Doch im 4. Jahrhundert berichtet der Aristoteles-Kommentator Themistios (um 317 – nach 388 n. Chr.), derzeit würden die letzten verfügbaren, bereits schadhaften Bücher von Zenon, Kleanthes und Chrysipp in der Bibliothek von Konstantinopel kopiert. 200 Jahre später schreibt Simplikios, ebenfalls ein Aristoteles-Kommentator, die meisten Bücher der Stoiker seien verloren (*Cat.* 334.1–3).[8]

Der Verlust der stoischen Literatur hat vermutlich mehrere Ursachen. Vor allem wird er mit dem Aufkeimen des Neuplatonismus in Verbindung gebracht. Der Neuplatonismus führte zu einer Aufwertung der Texte von Platon und Aristoteles und zu einer erneuten Verbreitung ihrer Schriften. Die Stoa war nach dem 3. Jahrhundert dagegen als Schule nicht mehr aktiv. Da just in diesem Zeitraum die Bibliotheken ihre Texte von Papyrus auf Pergament übertrugen, wurden vermutlich an vielen Orten die Bücher der Stoiker aussortiert, die Schriften von Platon und Aristoteles dagegen bewahrt. Außerdem ist zu bedenken, dass es um die Überlieferung hellenistischer Prosa-Literatur insgesamt schlecht bestellt ist. Wahrscheinlich empfanden spätere Gelehrte den Sprachduktus der Zeit im Vergleich zu dem der Klassik als minderwertig. Hinzu kommt, dass die überwältigende Fülle an Büchern, die in der Kaiserzeit verfügbar war, die Entstehung von Sekundärliteratur befördert hatte: Überblickswerke, Zusammenfassungen und Kommentare entstanden, die unter anderem knappe und handliche Darstellungen der stoischen Philosophie enthielten. Vielleicht sortierten einige Bibliotheken die stoischen Originalwerke aus, weil sie ja in Zusammenfassungen zugänglich waren. Und schließlich wird manchmal die Philosophie der jüngeren Stoa selbst für die Verluste verantwortlich gemacht: Epiktet und Marc Aurel räumen der Lebensform so starken Vorrang vor der Lektüre theoretischer Werke ein, dass sie bisweilen geradezu verächtlich über Bücher sprechen. Für die Stoiker der Spätantike war es also möglicherweise nachrangig, die Werke ihrer Gründerväter zu studieren und sie weiterzugeben.[9]

Überlieferung

Die Texte der Stoiker sind uns über drei Wege zugänglich, nämlich über die direkte und die indirekte Überlieferung sowie über Papyrusfunde. Direkt überliefert wurden die Texte von Seneca, Epiktet und Marc Aurel. Eine solche direkte Überlieferung liegt dann vor, wenn das originale Werk durch eine Reihe von Abschriften bis ins Mittelalter erhalten wurde und wir mindestens ein solches mittelalterliches Manuskript besitzen. Auf der Grundlage des mittelalterlichen Manuskripts (oder der Manuskripte) kann dann eine moderne Ausgabe erstellt werden.

Von den Stoikern der ersten Generationen ist uns kein einziger Text direkt überliefert. Hier sind wir auf die indirekte Überlieferung angewiesen. Eine indirekte Überlieferung liegt dann vor, wenn ein Text durch Zitate, Paraphrasen und Zusammenfassungen bei anderen Autoren (teilweise) erhalten wurde. Die indirekte Überlieferung ist weniger verlässlich als die direkte. Dies liegt nicht nur daran, dass wir auf Autoren angewiesen sind, die der Stoa kritisch gegenüberstanden oder Jahrhunderte später gelebt haben. Allein ihre komprimierte Darstellung ist problematisch: Sie gibt keinen Aufschluss über die nuancierte Argumentation oder die präzisen Formulierungen, die in den Originalbüchern enthalten waren.

Bei der indirekten Überlieferung unterscheidet man zwischen Zitaten und doxographischen Berichten. Zitate geben dem Anspruch nach den Originalwortlaut eines Textes wieder, Berichte liefern eine Zusammenfassung. Zitate stoischer Autoren finden sich in Werken zwischen dem 1. Jahrhundert v. Chr. und dem 6. Jahrhundert n. Chr., etwa bei Cicero, Plutarch, Galen, Diogenes Laertius, Stobaios und Alexander von Aphrodisias. Ob die Zitate tatsächlich den ursprünglichen Wortlaut wiedergeben, lässt sich kaum überprüfen. Wir wissen, dass viele Autoren beim Verfassen ihrer Schriften nicht auf die Originalbücher der Stoiker zurückgegriffen haben, sondern auf Sekundärquellen, z. B. auf Sammlungen und Überblickswerke.[10] Dies hatte vorwiegend praktische Gründe: Die langen Papyri, auf denen die Originaltexte in fortlaufenden Spalten geschrieben waren, hatten normalerweise keine Inhaltsverzeichnisse, Register oder Stellenangaben. Auf der Suche nach Zitaten musste man sie mühsam hin- und herrollen. In Sekundärquellen fanden sich im Gegensatz dazu übersichtliche Zusammenstellungen der wichtigsten Inhalte.

Die umfangreichste Quelle bilden die doxographischen Berichte, d. h. inhaltliche Zusammenfassungen der Lehrmeinungen. Solche Berichte finden sich bei den bereits erwähnten Autoren sowie außerdem bei Sextus Empiricus, Clemens von Alexandrien, Simplikios und vielen weiteren. Die doxographischen Berichte lassen sich einteilen in solche, in denen ein stoischer Autor namentlich erwähnt wird, und solche, in denen allgemein von ›den Stoikern‹ die Rede ist.

Einige wenige Texte sind uns schließlich über Papyrusfunde zugänglich. So enthalten die Herculaneum-Papyri Textfragmente von Chrysipp, die teilweise rekonstruiert werden konnten. Zudem enthält der Codex Berolinensis 9780 Fragmente des Stoikers Hierokles, die durch keine andere Quelle überliefert wurden. Auch wenn Papyrusfunde vergleichsweise wenig Material bieten, sind diese Quellen von unschätzbarem Wert.

Ausgaben und Übersetzungen

Wer sich heute mit den Stoikern beschäftigen will, muss nicht mühsam in den Texten von Cicero, Diogenes Laertius und anderen antiken Autoren nach einschlägigen Passagen suchen, sondern kann auf verschiedene Zusammenstellungen zurückgreifen. Erste Quellensammlungen wurden bereits in der Renaissance erstellt. Eine bedeutende Zusammenstellung hat Hans von Arnim (1859–1931) zwischen 1903 und 1905 veröffentlicht. Viele Publikationen zur stoischen Philosophie beziehen sich heute noch auf die dortige Nummerierung der Zeugnisse (erkennbar am Kürzel SVF für »Stoicorum Veterum Fragmenta«). Eine weitere wichtige und in der Forschung häufig benutzte Sammlung ist die Ausgabe von Anthony Long und David Sedley (im vorliegenden Band »LS«), die neben dem Originalwortlaut auch Übersetzungen und einen Kommentar enthält. Inzwischen sind zahlreiche weitere Ausgaben erschienen. Hervorzuheben ist insbesondere die Quellensammlung von Karlheinz Hülser (üblicherweise zitiert mit dem Kürzel »FDS« für »Die Fragmente zur Dialektik der Stoiker«). Eine kleine Auswahl der wichtigsten Ausgaben findet sich in den Literaturhinweisen.

Logik

Die stoische Logik (*logikê*) umfasst ein viel größeres Gebiet als die gleichnamige moderne Disziplin. Sie bildet einen der seither üblichen drei Teile der Philosophie. Neben der formalen Logik zählen zu ihr auch Rhetorik, Sprachphilosophie, Linguistik und Erkenntnistheorie. Der Zusammenhang zwischen diesen einzelnen Teildisziplinen lässt sich herstellen, wenn man die stoische Logik insgesamt als Wissenschaft von unserer Vernunft und Rede (*logos*) versteht. Ihr Gegenstand ist unser Erkennen, Denken und Sprechen. Sie untersucht, wie man überzeugende Reden formuliert, wie die Sprache grammatisch strukturiert ist, wie man gültig argumentiert oder schlussfolgert und wie man Erkenntnisse gewinnt und zu Wissen gelangt.

Die stoische Logik ist eng mit der stoischen Ethik und Physik verbunden und hat für beide einen hohen Nutzen. Sie klärt die Bedingungen, unter denen wir Wissen über die Natur erlangen können. Zudem hilft sie dabei, einen tugendhaften Charakter zu erwerben, der sich von der Vernunft leiten lässt und nicht von irrationalen Emotionen oder unbegründeten Annahmen bestimmt wird. Doch die stoische Logik ist keinesfalls als Hilfswissenschaft zu verstehen, die auf ihren Nutzen für die Naturerkenntnis und den Erwerb der Tugend reduziert werden kann (Diog. Laert. 7.46–8 = LS 31 A). In diesem Punkt widersprechen die Stoiker den Vertretern der aristotelischen Tradition, die den instrumentellen Charakter der Logik hervorheben. Die Stoiker betonen im Gegensatz dazu, dass die Logik sich mit einer eigenen Dimension der Realität befasst, der Vernünftigkeit, und deshalb neben ihrem instrumentellen Nutzen hohen Eigenwert besitzt. Große Teile der Linguistik, formalen Logik und Erkenntnistheorie, wie sie in der alten Stoa entwickelt wurden, haben keine unmittelbare Anwendung für Belange der Ethik und Physik. Die stoische Logik steht selbständig neben Physik und Ethik.

Der hohe Stellenwert der Logik zeigt sich an der großen Zahl der Schriften, die sie behandeln. Allein Chrysipp verfasste über 300 Bücher zu jedem erdenklichen Aspekt der formalen Logik. Darüber hinaus schrieb er einiges zu Themen der Erkenntnistheorie, Sprachphilosophie und Linguistik (Diog. Laert. 7.189–201). Bisweilen wird demgegenüber angenommen, dass das Interesse an Logik in der römischen Stoa nachließ. Mit Blick auf Epiktet und Seneca, den beiden wichtigsten Vertretern der römischen Stoa, trifft dies allerdings nicht zu. Sie sprechen der Logik eine hohe Bedeutung zu, auch wenn sie eher den instrumentellen Nutzen in den Vordergrund stellen, den diese für die Charakterschulung besitzt.[1]

Die Stoiker unterteilen die Logik in Rhetorik und Dialektik (Diog. Laert. 7.41–48 = LS 31A–B). Die Rhetorik befasst sich mit dem Aufbau und der Überzeugungskraft längerer Reden. Zu ihr zählt auch die Kunst der politischen Beratung, d. h. die Rede in Parlamenten und anderen öffentlichen Versammlungen. Die Dialektik wird ihrerseits als Wissenschaft von wahr und falsch definiert, beschäftigt sich mit der Gültigkeit von Argumentationen, beurteilt deren Stringenz und besitzt von daher einen höheren Stellenwert als die Rhetorik. Die Stoiker betonten, dass der Philosoph vor allem Dialektiker sein muss (Diog. Laert. 7.83 = LS C). Zur Dialektik gehören außer der formalen Logik die Bereiche Linguistik, Grammatik und Sprachphilosophie;

ferner ist ihr die Erkenntnistheorie zugeordnet. Die stoische Grammatik wirkt in vielem bis in die Gegenwart nach. Man hat dort erstmals die bis heute bekannten Kasus (Nominativ, Genitiv usw.) voneinander unterschieden, eine Tempuslehre erarbeitet und die Eigentümlichkeiten von Deklination und Konjugation beschrieben.[2] Das folgende Kapitel konzentriert sich vor allem auf die stoischen Beiträge zur Erkenntnistheorie und zur formalen Logik.

In ihrer Erkenntnistheorie verteidigen die Stoiker gegen die Skeptiker die Möglichkeit von Wissen. Ihrer Meinung nach existiert ein ›Kriterium der Wahrheit‹, mit dessen Hilfe wir auf verlässliche Weise wahre Überzeugungen über die Welt bilden und auf dieser Grundlage Wissen erlangen können. Die Skeptiker widersprechen den Stoikern in diesem Punkt: Ihrer Meinung nach ist das stoische ›Kriterium der Wahrheit‹ mangelhaft und bewahrt uns nicht verlässlich vor Irrtümern und Täuschungen. Die erhaltenen Zeugnisse legen nahe, dass die Debatte äußerst subtil und nuanciert geführt wurde (s. S. 61–64).

Aufgrund ihrer exzellenten Arbeiten zur formalen Logik waren die Stoiker zu ihrer Zeit hoch angesehen. Ihr größtes Verdienst besteht in der Entwicklung einer Aussagenlogik. Diese Leistung fand allerdings erst im letzten Jahrhundert wieder Anerkennung. Seit Ende der Spätantike wurde die stoische Logik kaum beachtet, so dass man über Jahrhunderte die aristotelische Prädikatenlogik für alternativlos hielt. Noch Immanuel Kant (1724–1804) bemerkte 1787 in der Vorrede zur zweiten Auflage der *Kritik der reinen Vernunft*, dass die Logik seit Aristoteles »keinen Schritt vorwärts« gemacht und daher »allem Ansehen nach geschlossen und vollendet zu sein scheint«. Zu Beginn des 20. Jahrhunderts erwies sich diese Einschätzung als verfehlt. Nachdem Gottlob Frege (1848–1925) und Bertrand Russell (1872–1970) erneut die Grundlagen für eine Aussagenlogik ausgearbeitet hatten, zeigten sich die Grenzen des aristotelischen Modells. Seit den Arbeiten von Jan Łukasiewicz, besonders seiner Studie von 1935, erfährt auch der stoische Ansatz erstmals wieder angemessene Wertschätzung.[3]

Die wichtigsten Quellen für die stoische Erkenntnistheorie sind Zusammenfassungen, die uns bei Diogenes Laertius (7.49–54), Cicero (*Acad.* 1.40–2; 2.17–31; 2.143–6) und Sextus Empiricus (*M* 7.150–8, 7.227–60, 7.401–34) überliefert sind. Die wichtigsten Quellen zur formalen Logik finden sich bei Diogenes Laertius (7.55–83), Sextus Empiricus (*PH* Buch 2 und *M* Buch 8), Galen (*Institutio Logica*) und einigen Aristoteles-Kommentatoren, vor allem Alexander von Aphrodisias.

Die erkenntnistheoretische Wende im Hellenismus

Für Platon und Aristoteles ist Wissen ein zentrales philosophisches Thema, doch ihre Überlegungen unterscheiden sich grundlegend von denen der modernen Erkenntnistheorie. Nach gängiger Ansicht kommen erst die hellenistischen Philosophenschulen, also die Stoiker, Epikureer und Skeptiker, der Vorgehensweise unserer heutigen Disziplin nahe. Man spricht daher bisweilen von einer ›erkenntnistheoretischen Wende‹ im Hellenismus.

Werfen wir zunächst einen Blick auf Platon. Sein Wissensbegriff ist verwandt mit einem Verständnis von Wissen, das heutzutage eine Sonderform darstellt: Wissen von

Dingen, die keinesfalls anders sein können. Ein fast banales Beispiel ist 2 + 3 = 5. Wer dies weiß, kann es erläutern, gegen Einwände verteidigen und zudem sicher sein, dass es sich unmöglich anders verhalten kann. Dieses Wissensverständnis wurde bei Platon – im Anschluss an Parmenides – zum paradigmatischen Wissensbegriff: Was gewusst wird, muss auch notwendig so sein.

Wenn daher Platon von *epistêmê* spricht (dem griechischen Wort, das üblicherweise mit ›Wissen‹ übersetzt wird), meint er einen idealen kognitiven Zustand. Er stellt ihn der Meinung (*doxa*) entgegen, die er als einen kognitiven Zustand bestimmt, der fehleranfällig ist. In der Forschung ist strittig, wie die beiden Begriffe genau zu verstehen sind. Die meisten Interpreten sind sich jedoch darin einig, dass Wissen in Platons Sinn weit anspruchsvoller ist als das, was wir heute darunter verstehen. Das platonische Wissen zeichnet sich vor allem durch maximale Stabilität aus: Wer Wissen besitzt, ist gegen Irrtum gefeit und verfügt in der Regel über Erklärungen, die seine Überzeugung umfassend begründen. Dies entspricht eher dem, was wir heute ›Verständnis‹ oder ›vollkommene Einsicht‹ nennen würden.[4] Platon zufolge erreichen diesen Zustand nur philosophisch geschulte Menschen. Zudem ist so etwas nur mit Blick auf Gegenstände möglich, die unveränderlich sind. Wissen in Platons Sinn beschränkt sich daher auf Mathematik und vor allem auf die Ideen.[5] Die veränderlichen Dinge der Alltagswelt sind dagegen nicht Gegenstand von Wissen, sondern von Meinung (*doxa*). Meinungen sind instabil und nicht hinreichend begründet. Daher soll man nach Platon den Zustand der Meinung hinter sich lassen und durch Wissen ersetzen.[6]

Aristoteles ist weiterhin der Ansicht, dass Wissen (*epis-*

têmê) erst dann erreicht ist, wenn man die Erklärung für etwas kennt (*An. post.* I 2, 71b 9–12). Erklärungen gibt es allerdings nur mit Blick auf Dinge, die mit Notwendigkeit bestehen. Von allen anderen Dingen kann es daher prinzipiell kein Wissen geben.[7] Aristoteles vertritt somit, ebenso wie sein Lehrer Platon, eine ›objekt-abhängige‹ Erkenntnistheorie:[8] Wissen ist nur hinsichtlich bestimmter Gegenstände möglich.

Die grundlegende Frage der platonischen und aristotelischen Erkenntnistheorie lautet mithin: *Was* können wir wissen, d. h. welcher Bereich der Realität eignet sich überhaupt als Gegenstand von Wissen? Die Frage, *ob* Wissen möglich ist, spielt dagegen bei Platon und Aristoteles vermutlich noch keine zentralere Rolle. Einige skeptische Züge finden sich zwar bereits in Platons Dialogen: Sokrates tritt dort häufig als kritischer Prüfer auf, der dogmatische Positionen zurückweist, ohne selbst eine positive Lehre zu entwickeln. Zudem kann Platons Zurückweisung des Relativismus als Auseinandersetzung mit skeptischen Positionen verstanden werden.[9] Weitere skeptische Tendenzen finden sich bereits bei manchen frühen griechischen Philosophen und Sophisten.[10] Doch erst im Hellenismus entstehen skeptische Philosophenschulen, die systematisch anzweifeln, dass Wissen überhaupt möglich ist.

Diese Diskussion nahm ihren Anfang mit Pyrrhon von Elis (um 365/360 – um 275/270 v. Chr.). Pyrrhon war der Ansicht, dass die Welt im Kern unbestimmt ist. Daher sei es unmöglich, wahre oder falsche Urteile über sie zu bilden. Neuerdings wird seine Position als metaphysische Theorie eingeordnet, d. h. als eine Theorie über die Beschaffenheit der Welt.[11] Dennoch löste sie vor allem eine erkenntnistheoretische Debatte aus, an der sich zunächst besonders die Stoiker und die Epikureer beteiligten. Für sie wurde die Frage, ob wir wahr von falsch unterscheiden können, zum wichtigsten Thema der Erkenntnistheorie. Beide Schulen versuchten zu beweisen, dass es ein ›Kriterium der Wahrheit‹ (*kritêrion tês alêtheias*) gibt, mithilfe dessen wir auf verlässliche Weise zwischen wahren und falschen Überzeugungen unterscheiden und davon ausgehend zu Wissen gelangen können.

Eine wichtige Frage lautet, wie die Sinnestäuschungen gedeutet werden. Hier entwickeln die Epikureer eine originelle Position: Sie spalten den Vorgang der Sinneswahrnehmung auf in einen physikalischen Prozess und die auf diesen folgenden Urteile. Der physikalische Prozess ist ihrer Ansicht nach mit den Mitteln des epikureischen Atomismus beschreibbar und stets fehlerfrei. Daher gelten für sie alle Sinneswahrnehmungen – verstanden als physikalische Wechselwirkungen zwischen der äußeren Natur und den Sinnesorganen – als wahr. Sie dienen für die Epikureer als Kriterium der Wahrheit. Erst unsere Urteile über sie brächten Irrtümer mit sich.

Im Unterschied zu den Epikureern meinen die Stoiker, dass viele Sinneswahrnehmungen sehr schwache, ungenaue oder fehlerhafte Vorstellungen erzeugen: Um sie als zuverlässig ansehen zu können, bedürfen sie bestimmter Qualitäten; und nur wenn sie diese vorweisen, gelten sie als ›erfassende Vorstellungen‹ (*phantasiai katalêptikai*). Nur diese Vorstellungen erfassen den Gegenstand in der äußeren Welt genau bzw. angemessen und fehlerfrei. Sie bilden das stoische ›Kriterium der Wahrheit‹. Damit aus einer ›erfassenden Vorstellung‹ tatsächlich eine Erkenntnis (*katalêpsis*) wird, muss man sie allerdings noch anerkennen – sie sozusagen packen – und ihr zustimmen.[12] Doch dann gilt: Eine Überzeugung, die auf einer erfassenden Vorstellung beruht, ist garantiert wahr. Alle anderen Überzeugungen könnten sich auch als falsch erweisen.

Die Skeptiker bestritten zwar nicht grundsätzlich, dass es ein solches Kriterium der Wahrheit gibt, hielten allerdings die Vorschläge der Epikureer und Stoiker für unzulänglich. Ohne ein akzeptables Kriterium der Wahrheit sei es aber unmöglich, Wissen zu erwerben.

Die ›erkenntnistheoretische Wende‹ des Hellenismus umfasst also nicht nur eine veränderte Fragestellung (weg von der Frage, was wir wissen können, hin zu der Frage, ob und wie Wissen möglich ist). Vielmehr veränderte sich auch der Wissensbegriff. Vor allem wurde die Annahme verworfen, dass Wissen nur mit Blick auf ausgewählte Gegenstände, z. B. die Ideen, möglich ist. Nach Auffassung der Stoiker und Epikureer kann Wissen sich auch auf unsere Erfahrungswelt beziehen. In dieser Hinsicht kommt der Wissensbegriff der hellenistischen Philosophenschulen unserer heutigen Auffassung viel näher. Auch wir würden ›Wissen‹ nicht auf besonders schwer zugängliche Bereiche der Welt beschränken, z. B. auf mathematische Theorien, metaphysische Prinzipien oder sonstige unveränderliche Wahrheiten. Vielmehr sprechen wir davon, dass wir ›wissen‹, wie spät es ist, wo das grüne Buch liegt oder welche Tennisspielerin die Weltrangliste anführt. Wissen (im heutigen Verständnis) wird also nicht nur in wissenschaftlichen Beweisen oder langwierigen Reflexionen generiert, sondern kann auch im Alltag auf der Basis von Sinneswahrnehmung erreicht werden.

Dennoch ist insbesondere der stoische Wissensbegriff auch anspruchsvoller als unser moderner. Wissen kann sich den Stoikern zufolge zwar auf die Erfahrungswelt beziehen. Eine einzelne wahre und begründete Überzeugung stellt für sie jedoch noch kein Wissen (*epistêmê*) dar, sondern zunächst nur eine Erkenntnis (*katalêpsis*). Wissen liegt erst dann vor, wenn man ausschließlich Erkenntnisse hat, die ein vollkommen kohärentes System bilden und sich gegenseitig stützen. Einen solchen Zustand erreicht nur der Weise. Die stoische Unterscheidung zwischen Erkenntnis und Wissen soll in den folgenden Abschnitten verständlicher werden.

Vorstellung (*phantasia*)

Die sinnliche Wahrnehmung galt in der griechischen Antike als definierendes Kennzeichen von Tieren. Den Stoikern zufolge entstehen Wahrnehmungen dadurch, dass ein Gegenstand in der Welt auf die Sinnesorgane einwirkt. Dies erzeugt eine Vorstellung (*phantasia*) in der Seele. Da die Seele nach stoischer Auffassung körperlich ist, haben wir es mit einem gewöhnlichen kausalen Prozess zu tun, der zwischen zwei Körpern abläuft. Dabei verursacht der äußere Gegenstand einen ›Eindruck‹ (gr. *typôsis*) in der Seele. Chrysipp betont allerdings, man solle nicht im wörtlichen Sinn an eine Einprägung denken, wie sie etwa ein Siegelring auf Wachs hinterlässt. Dann wäre nämlich unerklärlich, wie man den Begriff ›Dreieck‹ bilden könne, weil dazu viele einzelne Dreiecke übereinander gestempelt werden müssten, was zu einem unsauberen Begriff führen würde, oder wie man zur gleichen Zeit unterschiedliche Vorstellungen haben könne, beispielsweise von einem Dreieck und einem Viereck. Er schlägt vor, lieber allgemeiner von ›Modifikationen‹ in der Seele zu sprechen (Diog. Laert. 7.50 = LS 39 A).

Damit bringt Chrysipp auch zum Ausdruck, dass die Vorstellung in der Seele keineswegs als Kopie des Gegenstandes in unserem Inneren oder als mentales Abbild der äußeren Welt verstanden werden darf. Die Vorstellung verweist zwar auf den Gegenstand, der sie verursacht hat. Dafür ist jedoch nicht erforderlich, dass sie ihm ähnelt. Die Stoiker vergleichen die Vorstellung mit dem Schein eines Lichts, das an sich hell ist und dadurch anderes sichtbar machen kann. Genauso wenig wie das Licht dem Gegenstand ähnelt, den es erleuchtet, gleicht die Vorstellung dem Gegenstand, den sie repräsentiert (Aëtius, *Plac.* 4.12.1–5).[13]

Erwachsene Menschen unterscheiden sich nun von Kindern und Tieren darin, dass ihre Vorstellungen ›vernunftartig‹ oder rational sind (*logikai*; Diog. Laert. 7.51 = LS 39 A). Das bedeutet, dass sie sprachlich artikulierbar sind, und zwar in Form von selbständigen Aussagen (*axiômata*). Wenn ich beispielsweise Dion vor mir gehen sehe, verursacht er in mir die Vorstellung »vor mir geht Dion«. Wenn ich einen Wasserfall rauschen höre, verursacht er in mir die Vorstellung »der Wasserfall rauscht«. Diese Vorstellungen sind dann wahr, wenn sie tatsächlich von Dion bzw. dem Rauschen des Wassers verursacht wurden und diese adäquat repräsentieren.

Zustimmung (*synkatathesis*)

Die Vorstellungen erwachsener Menschen sind nicht nur sprachlich verfasst und somit rational. Sie unterscheiden sich noch in einer zweiten Hinsicht von denen bei Kindern und Tieren: Mithilfe ihrer Vernunft können erwachsene Menschen ihre Vorstellungen kritisch beurteilen. Ihre Erfahrung hat sie gelehrt, dass Sinneswahrnehmungen nicht immer verlässlich sind. Manche Vorstellungen sind ungenau oder sogar falsch. Daher können erwachsene Menschen entscheiden, ob sie einer Vorstellung ihre Zustimmung (*synkatathesis*) erteilen oder verweigern. Nur wenn wir einer Vorstellung zustimmen, bilden wir die entsprechende Überzeugung. Wenn wir unsicher sind, ob eine Vorstellung wahr ist, oder wenn wir sie eindeutig für falsch halten, verweigern wir unsere Zustimmung und enthalten uns des Urteils.

Die Stoiker betonen, dass die Zustimmung ›bei uns‹ liegt (*eph' hêmin*), d. h. aktiv erteilt werden muss und freiwillig erfolgt. Die Vorstellungen, die sich in uns bilden, liegen im Gegensatz dazu nicht ›bei uns‹: Sie werden von externen Gegenständen jenseits unserer Kontrolle in uns ausgelöst. Es liegt also nicht in unserer Hand, ob wir die Vorstellung von einem rauschenden Wasserfall oder von Dion haben. Wir können jedoch entscheiden, ob wir diesen Vorstellungen zustimmen und damit die Überzeugung bilden, dass der Wasserfall rauscht oder dass vor uns Dion geht.

Die Zustimmung ist eine wichtige Funktion der Vernunft und spielt in der stoischen Philosophie eine Schlüsselrolle. Sie steht im Zusammenhang mit der Frage, auf welche Weise unsere Freiheit in einem deterministischen Universum möglich ist (die Position der Stoiker zu dieser Frage wird im Kapitel zur Physik besprochen). Epiktet meint, der Akt der Zustimmung sei ein eindeutiger Beweis für unsere Entscheidungsfreiheit (Epiktet, *Diatr.* 1.17.22–23):

> »Kann irgendeiner verhindern, dass du etwas Wahrem zustimmst? Niemand. Kann dich irgendeiner zwingen, etwas Falsches anzunehmen? Keiner. Siehst du nicht, dass du in diesem Bereich die Fähigkeit zur Entscheidung hast, die unbeschränkt, ohne Zwang und ungehindert ist?«

Der Akt der Zustimmung ist außerdem für die Gefühlstheorie bedeutend. In diesem Zusammenhang betonen die Stoiker, dass nicht die äußeren Gegenstände Gefühle in uns auslösen, sondern wir selbst, indem wir aktiv einer werthaft gefärbten Vorstellung unsere Zustimmung erteilen. Ein Sturm, der auf offener See aufzieht, kann beispielsweise die Vorstellung verursachen, mir stünde ein schreckliches Unheil bevor. Ein duftender Bananenkuchen kann die Vorstellung bewirken, er wäre unwiderstehlich gut. Doch erst, wenn ich diesen wertenden Vorstellungen zustimme, werde ich Furcht vor dem Seesturm und Verlangen nach dem Kuchen empfinden. Da die Zustimmung allein bei mir liegt, bin ich verantwortlich für die Gefühle, die ich empfinde, und imstande, sie zu ändern.

Erfassende Vorstellung (*phantasia katalêptikê*)

Die Stoiker verbinden mit ihrer Theorie der Zustimmung eine normative These: Wir sollten nicht allen Vorstellungen zustimmen, sondern nur denjenigen, die sie als ›erfassende Vorstellung‹ (*phantasia katalêptikê*) bezeichnen. Wenn wir eine erfassende Vorstellung haben, können wir sicher sein, dass sie wahr ist. Wenn eine Vorstellung nicht erfassend ist, können wir demgegenüber nicht sicher sein, ob sie wahr oder falsch ist. Erfassende Vorstellungen bilden daher für die Stoiker das ›Kriterium der Wahrheit‹. Auf der Basis solcher Vorstellungen ist Erkenntnis und schließlich Wissen möglich (wie dies zu verstehen ist, wird im Abschnitt »Meinung, Erkenntnis, Wissen« behandelt, s. S. 64–67).

Betrachten wir zunächst die erfassende Vorstellung für sich. Der gängigen Definition zufolge weist sie drei Merkmale auf (Sext. Emp. *M* 7.248 = LS 40 E; Diog. Laert. 7.46 = LS 40 C):

1. Sie stammt von etwas Existierendem.
2. Sie stimmt mit diesem überein.
3. Sie ist so beschaffen, dass nichts anderes sie hätte verursachen können.

In einer ersten Version bestand die Definition wohl nur aus den ersten beiden Merkmalen; Chrysipp hat sie um das dritte Merkmal ergänzt (auf das wir gleich zu sprechen kommen). In der Forschung wird diskutiert, wie die einzelnen Aspekte der Definition genau zu verstehen sind,[14] doch die wichtigsten Punkte sind unstrittig:

1. Zunächst werden erfassende Vorstellungen von einem externen Gegenstand verursacht. Offen bleibt hier, ob nur Gegenstände (z. B. ein gelber Ball, eine rauschende Welle), oder auch Sachverhalte (z. B. die Tatsache, dass der Ball gelb ist, die Tatsache, dass die Welle rauscht) eine Vorstellung verursachen können. Wahrscheinlich dachten die Stoiker an beide Möglichkeiten.[15]

2. Eine erfassende Vorstellung stimmt mit dem Gegenstand (oder Sachverhalt) überein und repräsentiert ihn angemessen. Dies lässt offen, wie genau und detailliert die Vorstellung sein muss. So wird beispielsweise die Frage diskutiert, ob eine erfassende Vorstellung sämtliche Facetten eines Gegenstandes oder nur seine charakteristischen Merkmale wiedergibt.[16] Sicher ist jedenfalls, dass die Vorstellung klar und eindeutig sein muss. Dies soll keineswegs bedeuten, dass erfassende Vorstellungen ihrem Gegenstand äußerlich ähnlich sind oder ihn bildlich darstellen. Im Fall rationaler Vorstellungen handelt es sich um Aussagen. Diese sind dann erfassend und können dann als wahr akzeptiert werden, wenn sie den betreffenden Gegenstand adäquat, klar und eindeutig wiedergeben.

3. Schließlich ist die phänomenologische Qualität der erfassenden Vorstellungen so gut, dass sie von nichts anderem stammen kann als von dem Gegenstand, den sie repräsentiert. Man kann also ausschließen, dass es sich um eine Einbildung oder um eine Verwechslung mit einem ähnlichen Gegenstand handelt.

Wie lässt sich nun feststellen, ob eine Vorstellung allen drei Bedingungen genügt? Zunächst könnte man daran denken, den Entstehungsprozess jeder Vorstellung zu überprüfen: Wurde die Vorstellung tatsächlich von einem äußeren Gegenstand verursacht? Sind meine Sinnesorgane funktionstüchtig, oder bin ich durch Müdigkeit, Alkoholeinfluss, Krankheit und dergleichen in meiner Wahrnehmung eingeschränkt? Gibt es äußere Hindernisse, die meine Wahrnehmung verzerren könnten, etwa schlechte Lichtverhältnisse, Hintergrundlärm, eine zu große Entfernung zum Gegenstand? (Sext. Emp. *M* 7.424 = LS 40 L.)

Ein naheliegender Einwand gegen dieses Vorgehen lautet, dass wir bei jeder weiteren Überprüfung der Vorstellungen wiederum auf Vorstellungen angewiesen sind, die dann ebenfalls überprüft werden müssten. Möglicherweise wollte Chrysipp einen solchen Regress vermeiden, indem er die Definition, die ursprünglich nur die ersten beiden Merkmale umfasste, um einen dritten Punkt ergänzte. Dieser lenkt den Fokus auf die phänomenologische Beschaffenheit der Vorstellung. Die Stoiker waren offenbar der Ansicht, dass erfassende Vorstellungen aufgrund ihrer Qualität so überzeugend wirken, dass sie unsere Zustimmung in besonderer Weise einfordern.

Ein Beispiel für eine erfassende Vorstellung liefert Epiktet (*Diatr.* 1.28.1–3).[17] Er schlägt vor, wir sollten versuchen, mitten am Tag der Vorstellung ›Es ist Nacht‹ zuzustimmen. Sosehr wir uns auch bemühen, es wird uns nicht gelingen. Dies liegt daran, dass wir stattdessen der Vorstellung ›Es ist Tag‹ zustimmen. Diese Vorstellung ist bei Tageslicht unter normalen Bedingungen so klar, eindeutig und überzeugend, dass wir sie unmittelbar als erfassende Vorstellung identifizieren. Aus diesem Grund gelingt es uns nicht, der ihr widersprechenden Vorstellung ›Es ist Nacht‹ zuzustimmen.

Die Stoiker vergleichen unsere Zustimmung zu erfassenden Vorstellungen bisweilen mit einem kausalen Prozess: »Wie nämlich die freie Waagschale notwendig sinken muss, wenn sie mit Gewichten beschwert wird, so muss der Geist dem stattgeben, was evident ist« (Cicero, *Acad.* 2.38 = LS 40 O). Damit ist allerdings nicht gemeint, dass die erfassenden Vorstellungen unsere Zustimmung erzwingen. Die Zustimmung bleibt auch bei den erfassenden Vorstellungen ein freiwilliger Akt. Entscheidend ist jedoch, dass sich die erfassenden Vorstellungen als so evident präsentieren, dass es unserer Natur zuwiderliefe, ihnen unsere Zustimmung zu verweigern.

Viele erfassende Vorstellungen mögen weniger leicht zu identifizieren sein als die von Tageslicht verursachte Vorstellung, dass es Tag ist. Doch den Stoikern zufolge kann es gelingen, das eigene Urteilsvermögen zu schulen. Die Herausforderung liegt dabei weniger darin, eine erfassende Vorstellung zu ›übersehen‹, als vielmehr darin, unvorsichtigerweise einer unverlässlichen Vorstellung zuzustimmen. Es gilt also, seine Zustimmung konsequent zu verweigern, wenn eine Vorstellung in irgendeiner Hinsicht zweifelhaft ist. Die entsprechende Tugend heißt ›Nicht-Übereiltheit‹ oder ›Nicht-Voreiligkeit‹ (*aproptôsia*). Allerdings gelingt es nur dem stoischen Weisen, sich so weit zu disziplinieren, dass er seine Zustimmung ausschließlich auf erfassende/erkenntnistaugliche Vorstellungen beschränkt. Allen anderen unterläuft immer wieder der Fehler, dass sie ihre Zustimmung erteilen, obwohl eine Vorstellung sich nicht als erfassend/erkenntnistauglich ausweist.

Die Einwände der Skeptiker

Die Stoiker entwickelten ihre Erkenntnistheorie in enger Auseinandersetzung mit den akademischen Skeptikern, also mit jenen Philosophen, die während des Hellenismus Platons Akademie dominierten und ihr eine skeptische Ausrichtung verliehen. Der erste akademische Skeptiker war Arkesilaos (um 316/315 – um 241/240 v. Chr.), der ab 268/266 bis zu seinem Tod Leiter der Akademie war. Ihr zweiter bedeutender Vertreter war Karneades (214 – um 129/128 v. Chr.). Weder Arkesilaos noch Karneades verfassten Schriften, doch ihre Debatte mit den Stoikern kann anhand von Ciceros Abhandlungen zur akademischen Skepsis rekonstruiert werden.[18]

Die Kontroverse zwischen Stoikern und Skeptikern betrifft vor allem die Lehre der ›erfassenden Vorstellungen‹, in denen die Gegenstände sich nach den Stoikern eindeutig und unverwechselbar melden. Die Skeptiker führen dagegen an immer neuen Beispielen vor, dass ›erfassende Vorstellungen‹ kein geeignetes Kriterium der Wahrheit sind. Ihrer Meinung nach können wir niemals ausschließen, dass eine Vorstellung, die wir für erfassend halten, in Wirklichkeit ungenau oder falsch ist. Solange wir aber wahre von falschen Vorstellungen nicht verlässlich unterscheiden können, sollten wir generell darauf verzichten, Vorstellungen unsere Zustimmung zu erteilen. Stattdessen sollen wir uns aller Urteile enthalten. Die erkenntnistheoretischen Grundannahmen der akademischen Skepsis und der Stoa sind also einander eng verwandt: Beide fordern, sich des Urteils zu enthalten, solange man nicht sicher ist, ob eine Vorstellung erfassend ist. Doch während die Stoiker es für möglich halten, einige Vorstellungen als erfassend zu identifizieren, betonen die Skeptiker, dass wir tatsächlich nie sichergehen können, ob eine Vorstellung uns nicht doch täuscht.

Vor allem Arkesilaos konstruiert zahlreiche Beispiele, die zeigen sollen, dass es unmöglich ist, erfassende Vorstellungen zweifelsfrei zu identifizieren. Bei einer ersten Gruppe von Beispielen geht es um Gegenstände, die sich äußerst ähnlich sind: zwei Eier, zwei Sandkörner, eineiige Zwillinge oder perfekte künstliche Nachbildungen, etwa Granatäpfel aus Wachs. Bei allen diesen Gegenständen, so der skeptische Einwand, könne man eine erfassende Vorstellung nicht überzeugend von einer Täuschung unterscheiden. Beispielsweise kann ein Granatapfel aus Wachs in mir die Vorstellung bewirken, er sei ein echter Granatapfel; Sandkorn B kann in mir die Vorstellung bewirken, Sandkorn A läge vor mir; und Quintus kann in mir die Vorstellung bewirken, sein Zwillingsbruder, Publius Servilius Geminus, stünde vor mir. In all diesen Fällen wird meine Vorstellung von einem externen Gegenstand verursacht und repräsentiert diesen anscheinend adäquat. Dennoch ist sie falsch, weil sie nicht von dem Gegenstand stammt, den ich vor mir vermute, sondern von einem anderen, der diesem bis ins kleinste Detail ähnelt (Cicero, *Acad.* 2.83–85 = LS 40 J).

Auch wenn es unerheblich scheinen mag, ob jemand zwei Sandkörner, Eier oder Zwillinge voneinander unterscheiden kann, stellte dieser skeptische Einwand für die Stoiker eine erhebliche Herausforderung dar: Wenn eine Vorstellung ihren Gegenstand adäquat repräsentiert, wie kann sie dann verwechselbar sein? Zudem müssen die Stoiker zeigen, dass der Weise, der niemals einen Irrtum begeht, sich auch in solchen Fällen nicht täuschen lassen würde. In ihrer Entgegnung berufen sich die Stoiker auf ihre Ontologie, der zufolge es prinzipiell ausgeschlossen ist, dass zwei verschiedene Objekte exakt dieselben Eigenschaften aufweisen, also qualitativ identisch sind. Dies liegt daran, dass nach stoischem Verständnis Eigenschaften partikular sind. Wenn zwei Dinge gelb, rund, groß oder warm sind, besitzen sie also nicht exakt dieselbe Qualität, sondern nur zwei ähnliche Eigenschaften, die wir mit demselben Wort bezeichnen (die ontologischen Grundlagen für diese Sichtweise werden später im Kapitel zur Physik behandelt). Selbst Sandkörner und Eier weisen Merkmale auf, die sich voneinander unterscheiden. Da sich zwei Dinge somit niemals exakt gleichen, ist es auch unmöglich, dass sie ununterscheidbare Vorstellungen in uns hervorrufen. Die Vorstellung von Quintus ist von einer Art, wie sie nur von Quintus ausgelöst werden kann, und Gleiches gilt für jedes einzelne Sandkorn und individuelle Ei. Nach stoischer Ansicht ist es nur eine Sache von Übung, Zwillinge, Sandkörner, Eier usw. voneinander zu unterscheiden (Cicero, *Acad.* 2.57 = LS 40 I).

Die Skeptiker formulieren noch eine zweite Klasse von Einwänden. Dabei geht es um Wahnvorstellungen. Wahnvorstellungen wirken ihrer Meinung nach so überzeugend wie erfassende Vorstellungen. Aus diesem Grund erteilen Menschen, die unter Wahnvorstellungen leiden, diesen Vorstellungen ohne zu zögern ihre Zustimmung. Dies lasse sich daran erkennen, dass sie mit entsprechenden Handlungen auf ihre Wahnvorstellungen reagieren. Beispielsweise habe Herakles im Wahn seine eigenen Kinder für die seines Feindes Eurystheus gehalten und diese Vorstellung so glaubhaft gefunden, dass er die Kinder tötete (Sext. Emp. *M* 7.402–410 = LS 40 H). Wären ihm Zweifel an seiner Vorstellung gekommen, hätte er diese Handlung niemals ausgeführt. Gegen diesen Einwand machten die Stoiker vermutlich geltend, dass Wahnvorstellungen nichts über eine Erkenntnisbildung unter Normalbedingungen aussagen.[19] Wenn Menschen im Wahn irreführenden Vorstellungen zustimmen, so widerlegt das nicht, dass gesunde Menschen in ihrem Alltag erfassende von nicht-erfassenden Vorstellungen unterscheiden können.

Katja Vogt macht zudem darauf aufmerksam, dass das Argument der Skeptiker auch gegen sie selbst gerichtet werden kann. Sie schließen nämlich von Herakles' Handlung darauf, dass er einer Vorstellung zugestimmt und die entsprechende Überzeugung gebildet hat. Unter der Voraussetzung jedoch, dass es legitim ist, von Handlungen auf entsprechende Überzeugungen zu schließen, dürfte man auch von den normalen Alltagshandlungen eines Skeptikers darauf schließen, dass er entsprechende Überzeugungen gebildet hat und sich nicht, wie er behauptet, aller Urteile enthalte.[20] Ob die antiken Stoiker die Debatte tatsächlich in diese Richtung gelenkt haben, ist jedoch nicht bekannt.

Meinung, Erkenntnis, Wissen

Die Stoiker unterscheiden drei zentrale kognitive Zustände: Meinung (*doxa*), Erkenntnis (*katalêpsis*) und Wissen (*epistêmê*). Sie betonen, dass die Erkenntnis dabei eine Mittelposition zwischen Meinung und Wissen einnimmt.

Eine Meinung bilden wir, indem wir einer Vorstellung zustimmen, obwohl es sich nicht um eine erfassende Vorstellung handelt. Da wir nicht sicher sein können, ob die Vorstellung tatsächlich zutrifft oder ungenau und falsch ist, ist die entsprechende Meinung schwach und instabil. Im Gegensatz dazu bilden wir eine Erkenntnis, wenn wir einer erfassenden Vorstellung zustimmen. Da eine erfassende Vorstellung stets korrekt ist, können wir sicher sein, dass die entsprechende Überzeugung wahr ist.

Eine einzelne Erkenntnis ist daher mehr als eine bloße Meinung. Doch sie ist weniger als Wissen, insofern sie für sich alleinsteht. Wenn man nämlich neben einzelnen Erkenntnissen auch noch Meinungen anhängt (die teils falsch sind), ist die Zustimmung insgesamt nicht zuverlässig. Wissen ist den Stoikern zufolge erst dann erreicht, wenn man ausschließlich Erkenntnisse besitzt. Im Zustand des Wissens ist jede einzelne Erkenntnis in ein kohärentes System eingebettet, das allein aus wahren Überzeugungen besteht. Sie kann daher nicht durch unzuverlässige oder irrige Annahmen in Frage gestellt werden und ist somit maximal stabil (Sext. Emp. *M* 7.151 = LS 41 C; Cicero, *Acad.* 1.41 = LS 41 B). Einen solchen Zustand erreicht nur der Weise.

1. Meinung (*doxa*): Meinungen beruhen auf Zustimmungen zu unverlässlichen Vorstellungen oder darauf, dass verlässlichen Vorstellungen nicht entschlossen genug, nur ›schwach‹ zugestimmt wird. Derjenige, der etwas meint, erfasst nicht unbedingt die Wirklichkeit.
2. Erkenntnis (*katalêpsis*) ist eine Zustimmung zu einer erfassenden Vorstellung. Erkenntnisse sind verlässlich

wahr. Derjenige, der etwas erkennt, erfasst die Wirklichkeit.

3. Wissen (*epistêmê*) ist ein Zustand, in dem man ausschließlich erfassenden Vorstellungen zustimmt und daher nur Erkenntnisse hat. Diese stabilisieren sich wechselseitig und bilden somit ein kohärentes System.

Die drei kognitiven Zustände unterscheiden sich nicht mit Blick auf ihre Gegenstände, wie wir dies von Platon und Aristoteles kennen. Weder beziehen sich Erkenntnis und Wissen auf eine höhere Ebene der Realität, noch werden sie unter Rückgriff auf Prinzipien begründet, die ontologisch Vorrang haben.[21] Vielmehr kann dieselbe Sache Inhalt von Meinungen, Erkenntnissen oder sogar von Wissen sein. Sollte ich beispielsweise im Halbdunkel aufgrund eines undeutlichen Sinneseindrucks die Vorstellung haben, dass vor mir Dion geht, und dieser Vorstellung eilig zustimmen, so bilde ich die Meinung, dass vor mir Dion geht. Diese Vorstellung ist zwar wahr, falls tatsächlich Dion vor mir geht; doch ich habe keine Garantie für ihre Wahrheit, weil sie auf einer undeutlichen Vorstellung beruht. Wenn ich bei guten Lichtverhältnissen klar und deutlich sehe, dass tatsächlich Dion vor mir geht, habe ich eine erfassende Vorstellung. Wenn ich dieser Vorstellung zustimme, entsteht die Erkenntnis, dass vor mir Dion geht. Diese Erkenntnis ist allerdings nur bedingt stabil. Denn neben dieser Erkenntnis hänge ich wahrscheinlich unbegründeten Meinungen und Irrtümern an, die in Widerspruch zu meiner Erkenntnis stehen und diese daher in Zweifel ziehen können. Beispielsweise könnte ich irrtümlich vermuten, Dions Zwillingsbruder sei in der Stadt, und könnte aus diesem Grund meine Erkenntnis erneut in Frage stellen. Wenn dagegen ein Weiser erkennt, dass vor ihm Dion geht, dann ist diese Erkenntnis eingebettet in ein kohärentes System anderer Erkenntnisse. Da er neben diesen keinen unbegründeten Annahmen oder Irrtümern anhängt, ist ausgeschlossen, dass er die Erkenntnis wieder in Zweifel zieht.

Zenon soll den Unterschied zwischen Erkenntnis und Wissen anhand einer Geste beschrieben haben, um die größere Stabilität des Wissens zu betonen (Cicero, *Acad.* 2.145 = LS 41 A; Übers. FDS 369):

> »Denn er hielt einem die Hand mit ausgestreckten Fingern entgegen und sagte: ›Von dieser Art ist die Vorstellung‹; anschließend zog er die Finger ein wenig zusammen und erklärte: ›Von dieser Art ist die Zustimmung‹; wenn er sie dann fest zusammengepresst und eine Faust gemacht hatte, sagte er, dies sei die Erkenntnis (›Erfassung‹) (*conprensio*), von welcher Illustration her er die Sache auch mit dem Namen *katalêpsis* betitelte, den es vorher nicht gab; schließlich nahm er die linke Hand dazu, umfasste damit eng und kräftig die Faust und erklärte, solcherart sei das Wissen (die Wissenschaft), über das (die) niemand anderes als allein der Weise verfüge.«

Stoischer und moderner Wissensbegriff

Die stoische Auffassung von Wissen (*epistêmê*) ist weit anspruchsvoller als das, was wir heute unter Wissen verstehen. Bei allen Kontroversen über den Wissensbegriff herrscht heute Übereinstimmung darüber, dass Wissen eine wahre, gerechtfertigte Meinung voraussetzt. Derjenige, der weiß, dass Dion vor ihm geht, muss die wahre Meinung haben, dass Dion vor ihm geht. Was genau zu dieser wahren Meinung hinzukommen muss, damit sie als Wissen gelten kann, ist strittig. Klar ist aber, dass es für diesen einzelnen Wissensgehalt nicht relevant ist, ob man sich in anderen Bereichen irrt, die mit diesem Sachverhalt nichts zu tun haben. Es sind nun genau diese für uns selbstverständlichen Annahmen, die die Stoiker nicht teilen. Meinungen können ihrer Ansicht nach nicht zu Wissen beitragen; vielmehr müssen wir uns der Meinungen entledigen, um zu Wissen zu gelangen. Zudem ist Wissen erst dann erreicht, wenn wir uns in keiner Hinsicht mehr irren.

Unser moderner Wissensbegriff weist einige Parallelen zu dem auf, was die Stoiker Erkenntnis (*katalêpsis*) nennen. Man kann einzelne Erkenntnisse auch dann gewinnen, wenn man sich in anderen Hinsichten irrt. Für die Parallele zwischen stoischer Erkenntnis und modernem Wissensbegriff spricht weiterhin, dass die Erkenntnis den Stoikern zufolge keine seltene Ausnahme bildet. Sie betonen, dass nicht allein der Weise, sondern jeder gewöhnliche Mensch sie erreichen kann (Sext. Emp. *M* 7.152 = LS 41 C). Erwachsene haben in ihrem Alltag unter günstigen Bedingungen häufig erfassende Vorstellungen (Sext. Emp. *M* 7.258 = LS 40 K) und können daher regelmäßig Erkenntnisse bilden.

Wissen (*epistêmê*) im anspruchsvollen Sinn der Stoiker ist dagegen keineswegs ein Alltagsphänomen, sondern eine äußerst seltene Errungenschaft. Wie bereits erwähnt, erreicht es nur der Weise. Sein Wissen darf dennoch nicht mit Allwissenheit verwechselt werden. Der Weise zeichnet sich dadurch aus, dass er keinen Meinungen oder gar Irrtümern anhängt; ob sein Wissen alle Details der Welt umfasst, ist dafür nicht ausschlaggebend. Ebenso ist der Zustand der Unwissenheit (*agnoia*), in dem sich nach stoischer Ansicht die gewöhnlichen Menschen befinden, nicht durch eine umfassende Fehleinschätzung aller Dinge gekennzeichnet. Die meisten Menschen haben in ihrem Alltag durchaus Erkenntnisse. Doch daneben haben sie unbegründete oder falsche Überzeugungen. Ihre Erkenntnisse stehen daher in Spannung mit anderen Annahmen und sind weniger stabil als die des Weisen.

Wissen im stoischen Sinn ist zu guter Letzt nicht deswegen anspruchsvoll, weil es besonders komplizierte Gegenstände betrifft. Die hohen Hürden ergeben sich vielmehr daraus, dass die Überzeugungen maximal stabil sein müssen. Maximale Stabilität ist erst im Zustand des Wissens erreicht, in dem sich die einzelnen Erkenntnisse wechselseitig stützen. Wissen im stoischen Sinn entspricht somit einem Zustand höchster innerer Kohärenz: Alle Überzeugungen, die man bildet, sind wahr, begründet und miteinander im Einklang. Es bestehen zwischen ihnen keine Widersprüche, Spannungen oder Ungereimtheiten. Wenn die Stoiker Tugend mit Wissen gleichsetzen, haben sie dieses Ideal vor Augen. Tugend wird daher bisweilen auch mit innerer Harmonie gleichgesetzt. (Dies werden wir im Kapitel zur stoischen Ethik genauer untersuchen.)

Sind die Stoiker Empiristen?

Die Stoiker werden häufig als Sensualisten oder Empiristen bezeichnet und in dieser Hinsicht den Rationalisten Platon und Aristoteles entgegengesetzt. Gemeint ist, dass für die Stoiker die wichtigste Quelle von Wissen unsere Sinneswahrnehmungen sind, für Platon und Aristoteles dagegen das Denken bzw. die Vernunft. Tatsächlich meinen die Stoiker, dass Sinneswahrnehmungen uns einen verlässlichen Zugang zur Welt verschaffen können. Hinzu kommt, dass die Stoiker keine hierarchische Metaphysik vertreten, der zufolge der entscheidende Bereich unserer Wirklichkeit transzendent ist, sich der Sinneswahrnehmung entzieht und nur durch Denken erschlossen werden kann. Und des Weiteren sprechen die Stoiker davon, dass die menschliche Seele zu Beginn des Lebens ein unbeschriebenes Blatt ist, auf das man im Laufe der Zeit Begriffe einträgt (Aëtius, *Plac.* 4.11.1–3 = LS 39 E). Wie spätere Empiristen lehnen sie also die Ansicht ab, dass Menschen über angeborene Begriffe verfügen. Begriffe bilden wir vielmehr auf der Basis von Erfahrungen.

Dennoch weist die stoische Erkenntnistheorie auch rationalistische Aspekte auf. Erstens setzt den Stoikern zufolge jede Erkenntnis voraus, dass das passive Moment der Sinneswahrnehmung durch die kritische Aktivität der Vernunft ergänzt wird, durch die man entscheidet, ob eine Sinneswahrnehmung verlässlich ist und Zustimmung verdient. Zweitens bilden wir im Laufe des Lebens Begriffe, wie etwa den Begriff des Guten oder der Tugend, die nicht direkt auf Sinneswahrnehmungen beruhen.[22] Und drittens gibt es für die Stoiker einige Erkenntnisse, die nicht sinnlich gewonnen werden, sondern etwa durch wissenschaftliche Beweise (Sext. Emp. *PH* 2.140–3 = LS 36 B).

Formale Logik – der aristotelische und der stoische Ansatz

Argumentiert haben die Menschen schon immer. In der Antike lassen sich bei den frühen griechischen Philosophen, den Sophisten und Rednern sowie bei Platon erste Analysen von Argumentformen beobachten. Doch als der Begründer der formalen Logik in der Antike gilt erst Aristoteles. Er beschäftigte sich erstmals ausführlich und systematisch mit einem breiten Spektrum von Themen, die für die formale Logik relevant sind, nämlich mit dem Wahrheitswert von Aussagen, mit Negationen, mit Syntax und Semantik, mit Trugschlüssen und vor allem mit Syllogistik.

Die von Aristoteles entwickelte Syllogistik unterscheidet sich erheblich von der Syllogistik, die wenig später von den Stoikern erarbeitet wurde. Seit Łukasiewicz gilt die stoische Logik als ›Aussagenlogik‹, die aristotelische hingegen als ›Begriffs-‹ oder ›Prädikatenlogik‹.[23] In beiden Konzeptionen besteht ein elementarer Syllogismus typischerweise aus zwei Prämissen und einer Konklusion, die notwendig aus den Prämissen folgt, sich aber von ihnen unterscheidet. In allen anderen Hinsichten weichen stoische und aristotelische Logik voneinander ab.

Bei Aristoteles ergibt sich die notwendige Schlussfolgerung deshalb, weil zwischen den beiden Prämissen bestimmte begriffliche Beziehungen bestehen. Einer der einfachsten Fälle ist ein Syllogismus im sogenannten Modus Barbara (zwei positive Prämissen mit allgemeinen Subjekten), z. B.:

Prämisse 1: Alle Tiere sind sterblich.
Prämisse 2: Alle Giraffen sind Tiere.
Konklusion: Also sind alle Giraffen sterblich.

Die beiden Prämissen haben einen Begriff gemeinsam (den sogenannten Mittelbegriff, in diesem Fall ›Tiere‹). Die Konklusion stellt eine Verbindung zwischen den übrigen beiden Begriffen her (›sterblich‹ und ›Giraffen‹).[24]

Neben Schlüssen im Modus Barbara untersucht Aristoteles noch andere Arten, in denen ›alle‹ durch ›einige‹ ersetzt wird oder der Begriff an der Prädikatstelle nicht zu- sondern abgesprochen wird (z. B. ›sind nicht sterblich‹). Für die formale Untersuchung der Schlussformen ist es praktisch, die Begriffe durch Kürzel (Variablen) zu ersetzen. Dafür verwendet Aristoteles charakteristischerweise Buchstaben, so dass das genannte Argument folgende Form hat:

Alle A sind B.
Alle C sind A.
Also: Alle C sind B.

Insgesamt erlaubt das von Aristoteles ins Auge gefasste Schluss-System 24 syllogistische Schlüsse. Weil das Hauptaugenmerk dabei auf dem Verhältnis zwischen Begriffen liegt, gilt Aristoteles' Logik als die erste Ausprägung der Begriffs- oder Prädikatenlogik.

Im Gegensatz zu Aristoteles untersuchen die Stoiker nicht Verhältnisse zwischen Begriffen, sondern zwischen ganzen Aussagen. Ihre Logik entspricht daher am ehesten der heutigen Aussagenlogik. Der folgende stoische Syllogismus operiert beispielsweise mit den Aussagen ›Es ist Tag‹ und ›Es ist hell‹.

Wenn es Tag ist, ist es hell.
Nun aber nicht: es ist hell.
Also ist es nicht Tag.

Die Stoiker untersuchen die Form solcher Argumente ebenfalls, indem sie Stellvertreter für einzelne Aussagen einsetzen. Anders als Aristoteles verwenden sie dabei nicht Buchstaben, sondern Ordnungsnummern. Für die Aussage ›Es ist Tag‹ steht daraufhin ›das 1.‹ und für die Aussage ›Es ist hell‹ steht ›das 2.‹. Die Form des Arguments sieht dann so aus:

Wenn das 1., dann das 2.
Nun aber nicht das 2.
Also nicht das 1.

Heutzutage verwendet man in der Aussagenlogik statt Ordnungsnummern meist Buchstaben, z. B. für das vorliegende Argument:

wenn p, dann q,
nun nicht q,
also nicht p.

In beiden Fällen steht der Stellvertreter für eine ganze Aussage, die hier also die kleinste nicht analysierbare Einheit bildet.

Die Aussagenlogik wurde in der Antike wahrscheinlich

unabhängig von der aristotelischen Logik entwickelt. Vor den Stoikern beschäftigten sich bereits die Megariker mit logischen Verhältnissen zwischen Aussagen. Besonderen Ruhm erlangte Diodoros Kronos. Die antiken Quellen betonen den starken Einfluss, den Diodoros auf die Stoiker ausübte. Zenon soll bei ihm Unterricht genommen haben und außerdem den Megariker Stilpon gehört haben. Doch trotz des großen Interesses, das Zenon an der Logik hatte, wurden weite Teile der für uns noch zugänglichen stoischen Aussagenlogik erst von Chrysipp entwickelt. In der Antike feierte man ihn als brillanten Logiker; wenn die Götter eine Dialektik besitzen, so hieß es, sei es die von Chrysipp (Diog. Laert. 7.180 = LS 31 Q).

Anders als die aristotelische Logik, die in der Spätantike sowie im lateinischen und arabischen Mittelalter weit verbreitet war, geriet die stoische Logik in Vergessenheit. Die zentralen Bücher gingen verloren, und an den überlieferten Zeugnissen bestand wenig Interesse. Noch im 19. Jahrhundert nahmen viele Interpreten an, dass die Stoiker Aristoteles' Syllogistik, wenn überhaupt, nur geringfügig ergänzt hätten.

Erst im Zuge der großen Fortschritte, die sich im späteren 19. und zu Beginn des 20. Jahrhunderts im Bereich der formalen Logik ergaben, wurde deutlich, wie limitiert die aristotelische Logik und wie fortschrittlich im Gegensatz dazu der Ansatz der Stoiker war. Sie hatten Bereiche erschlossen, die Aristoteles allenfalls beiläufig bearbeitet hatte.[25] Der Erste, der mit Nachdruck und erfolgreich auf die Verdienste der Stoiker aufmerksam machte, war der polnische Logiker Jan Łukasiewicz.[26]

Das Sagbare (*lekton*)

Michael Frede betont in seinen Arbeiten zur antiken Erkenntnistheorie eine wichtige Unterscheidung: Wir können einen Gedanken entweder einfach betrachten, oder wir können ihn als wahr beurteilen. Frede erklärt anhand dieser Unterscheidung eine Grundannahme der Skeptiker: Ihnen zufolge können wir Gedanken entwickeln und diesen Aufmerksamkeit schenken, uns aber zugleich des Urteils enthalten, ob sie wahr sind.[27] Dieser Grundsatz ist für die Stoiker zentral: Sie unterscheiden zwischen einer Äußerung und ihrem semantischen Gehalt, den sie *lekton* nennen (wörtlich: ›das Sagbare‹, Plural: *lekta*). Einen solchen semantischen Gehalt haben den Stoikern zufolge alle verständlichen Äußerungen. Es ist dasjenige, was wir bei einer Äußerung meinen oder verstehen. Wir können uns zu einem *lekton* unterschiedlich verhalten.

Die Stoiker unterscheiden verschiedene Typen von Sagbarem, vor allem zwischen unvollständigen und vollständigen *lekta*. Unvollständige *lekta* sind solche, bei denen man eine Ergänzung erwartet. Sie sind Prädikate, d. h. die Bedeutung von Verben. Ein Beispiel ist der semantische Gehalt der Äußerung ›schreibt‹. Vollständige *lekta* bedürfen im Gegensatz dazu keiner Ergänzung. Sie sind der semantische Gehalt ganzer Sätze, beispielsweise der Äußerung ›Sokrates schreibt‹ (Diog. Laert. 7.63 = LS 33 F). Vollständige *lekta* umfassen z. B. Imperative, Fragen, Ausrufe oder Schwüre, doch am wichtigsten ist die Aussage (*axiôma*). Sie unterscheidet sich von anderen vollständigen *lekta* darin, dass sie einen Wahrheitswert hat. Somit sind also nicht einzelne Begriffe wahr oder falsch, sondern Aussagen:

»Eine Aussage ist das, was wahr oder falsch ist« (Diog. Laert. 7.65 = LS 34 A).

»Nur wenn wir die Aussage aussprechen, sagen wir entweder etwas Wahres oder etwa Falsches« (Sext. Emp. *M* 8.74 = LS 34 B).

Das stoische Verständnis von Aussagen hat Ähnlichkeiten mit dem heute gängigen Verständnis von Propositionen: Auch diese werden nicht mit schriftlichen oder stimmlichen Äußerungen gleichgesetzt. Vielmehr bestehen sie in deren zugrunde liegender Bedeutung. Propositionen können daher von unterschiedlichen Äußerungen ausgedrückt werden. Zudem haben sie einen Wahrheitswert.

Allerdings gibt es auch markante Unterschiede. Dazu zählt, dass die Stoiker den Wahrheitswert von Aussagen als zeitlich gebunden verstehen. Die Aussage ›Es ist Tag‹ ist beispielsweise dann wahr, wenn es Tag ist (Diog. Laert. 7.65 = LS 34 A). Die Aussage ändert innerhalb von 24 Stunden zweimal ihren Wahrheitswert, bei Anbruch der Nacht und bei Anbruch des Tages. Die Stoiker analysieren Aussagen mithin so, als enthielten sie den indexikalischen Ausdruck ›jetzt‹.[28]

Einfache Aussagen können den Stoikern zufolge affirmativ und negativ sein. Eine Negation wird gebildet, indem man einer affirmativen Aussage den Partikel ›nicht‹ (gr. *ou, ouk, ouch*) voranstellt, z. B. ›Nicht: Es ist Tag‹ (Sext. Emp. *M* 8.89 = LS 34 G). Die Negation betrifft dabei die gesamte Aussage. Sie ist wahrheitsfunktional, d. h. sie kehrt den Wahrheitswert einer Aussage um. Eine falsche Aussage wird durch die Verneinung wahr, eine wahre durch die

Verneinung falsch. Die Negation einer Aussage bildet somit ihr kontradiktorisches Gegenteil: Von beiden Aussagen ist immer genau eine wahr. Wenn sich eine Verneinung dagegen nur auf das Prädikat bezieht, dann wird die Aussage als Affirmation aufgefasst. Beispielsweise ist die Aussage ›Dion schläft nicht‹ eine Affirmation. Sie spricht Dion eine Eigenschaft zu, nämlich nicht zu schlafen. Die stoische Theorie der Negationen war vermutlich detailreich und subtil. Allein Chrysipp schrieb drei Bücher zu dem Thema.

Die Stoiker unterteilen Aussagen weiterhin in einfache und nicht-einfache Aussagen. Nicht-einfache Aussagen bestehen aus mindestens zwei einfachen Aussagen oder aus der Wiederholung einer einfachen Aussage. Diese Aussagen sind in Form einer Konjunktion (›und‹), Disjunktion (›oder‹) oder als Konditional (›wenn, dann‹) miteinander verknüpft. Aus zwei einfachen Aussagen (p, q) kann man beispielsweise die folgenden nicht-einfachen Aussagen bilden:

p und q
p oder q
wenn p dann q

Der Wahrheitswert einer nicht-einfachen Aussage hängt vom Wahrheitswert der einfachen Aussagen ab, aus denen sie besteht. Konjunktionen sind nach stoischer Ansicht dann wahr, wenn alle einfachen Aussagen wahr sind. Disjunktionen sind dann wahr, wenn genau ein Teilsatz wahr ist (d. h. es handelt sich um ausschließende und vollständige Disjunktionen).

Die Wahrheitsbedingungen von Konditionalsätzen sind

dagegen etwas komplexer definiert. Nach Chrysipp ist ein Konditionalsatz genau dann wahr, wenn das kontradiktorische Gegenteil des Konsequens (des Nachsatzes) dem Antezedens (dem Vordersatz) widerspricht (Diog. Laert. 7.73 = LS 35 A). Der Konditionalsatz ›Wenn es regnet, wird die Straße nass‹ ist also deshalb wahr, weil das kontradiktorische Gegenteil des Konsequens (›Nicht: die Straße wird nass‹) dem Antezedens (›Es regnet‹) widerspricht. Der Konditionalsatz ›Wenn das Feuer heiß ist, dann ist das Gras grün‹ ist dagegen nicht wahr, weil das kontradiktorische Gegenteil des Konsequens (›Nicht: das Gras ist grün‹) dem Antezedens (›Das Feuer ist heiß‹) nicht widerspricht.

Mit diesem Kriterium wollte Chrysipp sicherstellen, dass der Konditionalsatz eine Folge- oder Abhängigkeitsbeziehung ausdrückt und nicht zwei voneinander unabhängige Tatsachen miteinander verknüpft.[29] Die Stoiker nahmen dabei eine Debatte zu den Wahrheitsbedingungen von Konditionalaussagen auf, die bereits unter ihren Vorgängern, den Dialektikern Philon und Diodoros Kronos, geführt wurde. Philon schlug vor, dass Konditionalaussagen dann wahr sind, wenn sowohl Antezedens wie Konsequens wahr sind; in allen anderen Fällen seien Konditionalaussagen falsch. Dieses Kriterium ist rein wahrheitsfunktional und kommt unserem heutigen Verständnis daher recht nahe. Nach Philons Auffassung ist also auch die Konditionalaussage ›Wenn das Feuer heiß ist, dann ist das Gras grün‹ wahr. Auch Diodoros Kronos formuliert ein Kriterium, für das kein inhaltlicher Zusammenhang zwischen Vorder- und Nachsatz erforderlich ist. Seiner Meinung nach sind Konditionalsätze dann wahr, wenn, sofern das Antezedens wahr ist, dass Konsequens nicht falsch *sein kann*

(Sext. Emp. *PH* 2.110–113 = LS 35 B). Nach diesem Kriterium sind auch solche Konditionalaussagen wahr, deren Antezedens unmöglich wahr ist. ›Wenn das Feuer kalt ist, dann ist das Gras grün‹ ist nach Diodoros also ein wahres Konditional.[30] Demgegenüber formuliert das Kriterium der Stoiker die Wahrheitsbedingungen so, dass die Elemente einer Konditionalaussage inhaltlich miteinander verbunden sind.

Modalität

Die Stoiker untersuchen Aussagen auch mit Blick auf ihre Modalität.[31] Dabei geht es ihnen allerdings nicht um Aussagen, die Modaloperatoren enthalten, wie z. B. ›Es ist möglich, dass p‹ oder ›Es ist notwendig, dass p‹. Vielmehr haben Aussagen ihrer Meinung nach an sich modale Eigenschaften. Die Aussage ›Es ist Nacht‹ ist etwa möglich, weil sie zum Zeitpunkt der Äußerung wahr sein, aber in der Zukunft falsch werden kann. Die modalen Eigenschaften von Aussagen sind, ebenso wie ihr Wahrheitswert, zeitlich gebunden.

Die Stoiker unterscheiden zunächst zwischen vier Modalitäten: Aussagen können erstens möglich, zweitens unmöglich, drittens notwendig oder viertens nicht-notwendig sein. In der heute gängigen Theorie kennen wir nur drei Modalitäten, weil mögliche und nicht-notwendige Aussagen unter ›kontingent‹ zusammengefasst werden. Der Unterschied zwischen ihnen liegt den Stoikern zufolge darin, dass eine mögliche Aussage zum Zeitpunkt der Äußerung falsch ist, aber zu einem anderen Zeitpunkt wahr werden kann, während eine nicht-notwendige Aussage zum Zeitpunkt der Äußerung wahr ist, aber falsch werden kann.

Neben diesen vier Modalitäten kennen die Stoiker auch plausible (*pithanon*) und wahrscheinliche (*eulogon*) Aussagen. Plausible Aussagen sind solche, die unsere Zustimmung provozieren, jedoch falsch sein können. Diogenes Laertius führt als Beispiel die Aussage ›Wer etwas geboren hat, ist dessen Mutter‹ an. Dies ist plausibel, aber falsch, denn ein Vogel, der ein Ei legt, ist nicht dessen Mutter (Diog. Laert. 7.75). Wahrscheinliche Aussagen sind solche, die mit größerer Wahrscheinlichkeit wahr als falsch sind, z. B. die Aussage ›Ich werde morgen noch leben‹ (Diog. Laert. 7.76).

Die Stoiker reagierten mit ihrer Theorie der Modalität auf das sogenannte Meister-Argument, als dessen Urheber Diodoros Kronos gilt. Wir wissen nicht, wie dieses einflussreiche Argument genau formuliert war. Offenbar wollte Diodoros mittels dieses Arguments beweisen, dass Aussagen über die Zukunft bereits zum Zeitpunkt der Äußerung einen eindeutigen Wahrheitswert besitzen. Daraus leitete er ab, dass die Zukunft nicht offen, sondern bereits determiniert ist. Die Stoiker versuchten, einen solchen ›logischen Determinismus‹ auch auf der Basis ihrer Theorie der Modalität auszuschließen und attackierten das Meister-Argument mit unterschiedlichen Strategien.[32] Die Rekonstruktion der Debatte ist allerdings aufgrund der Quellenlage äußerst mühsam.

Argumente und Syllogismen

Stoische Argumente bestehen aus mehreren Aussagen, typischerweise aus zwei Prämissen und einer Konklusion (Diog. Laert. 7.45). Bei einem gültigen Argument folgt die Konklusion aus den Prämissen, bei einem ungültigen ist dies nicht der Fall. In den Quellen sind verschiedene Verfahren überliefert, mit denen sich die Gültigkeit von Argumenten feststellen lässt. Beispielsweise kann aus einem gültigen Argument ein wahres Konditional gebildet werden, indem man die Prämissen als Antezedens und die Konklusion als Konsequens einsetzt.

Das Argument

Wenn p dann q; nun p; also q.

ist also dann gültig, wenn das Konditional

Wenn [(wenn p dann q) und q], dann p.

wahr ist (Sext. Emp. *PH* 2.137 = LS 36 B).

Die Stoiker haben somit nur ein Kriterium, um zu prüfen, ob ein Konditionalsatz wahr und ein Schluss gültig ist. Dies ist aus heutiger Perspektive unbefriedigend. Die Gültigkeit von Schlüssen sollte, so meinen wir, anhand logischer Implikation bemessen werden, die rein formal bzw. analytisch festgestellt werden kann.[33] Das stoische Kriterium dagegen ist nicht unabhängig vom Inhalt der Aussagen anwendbar. Susanne Bobzien gibt allerdings zu bedenken, dass die stoische Logik viel stärker dialektischen Debatten verpflichtet ist, in denen inhaltlich für und wider eine bestimmte These argumentiert wird. Dies zeige sich auch an der stoischen Untersuchung zu ungültigen Schlüssen. In diesem Kontext gehe es weniger um formale Fehler als um argumentative Schwächen, etwa Redundanzen oder thematische Verwechslungen, die unter rein formalen Gesichtspunkten an der Gültigkeit eines Schlusses nichts ändern.

Eine Untergruppe gültiger Argumente nennen die Stoiker Syllogismen. Ein Syllogismus liegt vor, wenn ein Argument einer bestimmten Form folgt: Entweder besitzt es die Form eines sogenannten ›unbeweisbaren Arguments‹ (*anapodeiktos*), oder es kann auf ein solches zurückgeführt werden. Ein unbeweisbares Argument ist an sich evident und muss nicht bewiesen werden (Diog. Laert. 7.78 = LS 36 A). Die ›Unbeweisbaren‹ besitzen daher den Status von Axiomen.

Die Stoiker nehmen an, dass es fünf ›Unbeweisbare‹ gibt. In den Quellen kursieren verschiedene Listen.[34] Als kanonisch gelten die folgenden fünf Schlussformen, die von Chrysipp stammen sollen:

1. Wenn p, dann q; nun p; also q.
2. Wenn p, dann q; nun nicht q; also nicht p.
3. Es ist unmöglich, dass p und q; nun p; also nicht q.
4. Entweder p oder q; nun p; also nicht q.
5. Entweder p oder q; nun nicht p; also q.

Diese fünf ›Unbeweisbaren‹ lassen jeweils verschiedene Variationsmöglichkeiten zu. Erstens kann man statt den Affirmationen (p) Negationen einsetzen (nicht p). Daraus ergeben sich für alle ›Unbeweisbaren‹ vier Variationen. So hat beispielsweise die Prämisse des ersten ›Unbeweisbaren‹ folgende vier Variationsmöglichkeiten:

i. Wenn p, dann q.
ii. Wenn nicht p, dann q.
iii. Wenn p, dann nicht q.
iv. Wenn nicht p, dann nicht q.

Zweitens kann man im Fall des dritten, vierten und fünften ›Unbeweisbaren‹ weitere Variationen bilden, indem man bei der zweiten Prämisse statt mit p mit q operiert. Daraus ergeben sich jeweils zwei weitere Varianten. Beim dritten ›Unbeweisbaren‹ gibt es für die zweite Prämisse folgende Variationsmöglichkeiten:

i. nun p
ii. nun q

Insgesamt ergeben sich so 32 Fälle. Weitere Varianten lassen sich herstellen, indem man jede einfache Aussage (p) aus mehreren Aussagen zusammensetzt (z. B. r und s und t).

Es ist nicht bekannt, warum Chrysipp die fünf genannten Schlussformen für unbeweisbar hielt; seine Überlegungen dazu sind nicht überliefert. Eine formale Gemeinsamkeit der ›Unbeweisbaren‹ besteht allerdings darin, dass ihre erste Prämisse jeweils eine nicht-einfache Aussage ist. Der weitere Syllogismus liest sich sodann wie eine Ausbuchstabierung der Wahrheitsbedingungen dieser nicht-einfachen Aussage. Wenn man versteht, was die in der ersten Prämisse verwendete Satzverknüpfung bedeutet (z. B. wenn p, dann q) und wie sich der Wahrheitswert einer solchen Aussage ermitteln lässt, erfasst man zugleich die Gültigkeit des Schlusses.[35]

Logische Paradoxien

Die erste maßgebliche Beschäftigung mit logischen Paradoxien in der Antike wird dem Megariker und Euklid-Schüler Eubulides von Milet (4. Jh. v. Chr.) zugeschrieben. Es ist nicht klar, warum er sich mit Paradoxien beschäftigte. Möglicherweise wollte er anhand unlösbarer Paradoxien die Inkonsistenz unserer Erfahrungswelt aufzeigen. In der Folge wurde die philosophische Bedeutung von Paradoxien immer stärker gewürdigt. Vor allem für die Skeptiker und die Stoiker ist großes Interesse an ihnen belegt. Den Stoikern ging es dabei vor allem darum, die Lösbarkeit der Paradoxien zu erweisen.

Die Stoiker verhandeln das, was wir heute ›logische Paradoxien‹ nennen, unter dem Titel ›Sophismen‹. Die ›stoischen Paradoxien‹ sind dagegen der Ethik zuzurechnen; unter diesem Titel sammelt Cicero zentrale ethische Grundsätze der Stoiker, die sich gegen (*para*) eine verbreitete Meinung (*doxa*) richten (vgl. dazu das Kapitel zur Ethik). Die Sophismen werden den ›falschen Argumenten‹ zugeordnet. Auf diese Weise legen die Stoiker bereits nahe, dass logische Paradoxien ihrer Ansicht nach entweder unwahre Prämissen oder eine fehlerhafte Schlussform aufweisen. Von anderen falschen Argumenten unterscheiden sie sich darin, dass ihre Konklusion offensichtlich falsch ist, aber aus plausibel wirkenden Prämissen zu folgen scheint. Um Paradoxien zu lösen, muss man nach stoischer Ansicht die Unwahrheit der Prämissen oder die Ungültigkeit des Schlusses aufzeigen.[36]

Auf einer überlieferten Liste jener Paradoxien, mit denen sich die Stoiker befassten, werden die zentralen und bis heute diskutierten logischen Paradoxien aufgezählt, beispielsweise das Paradox des Lügners, des Sorites, des Verschleierten und des Gehörnten (Diog. Laert. 7.44 = LS 37 C). Wahrscheinlich diskutierten die Stoiker diese Paradoxien in verschiedenen Fassungen, die jedoch leider verloren sind. Ihre Lösungsansätze sind ebenfalls unbekannt. Nur mit Blick auf das Lügner- und Haufen-Paradox gibt es Anhaltspunkte dafür, wie sie vorgegangen sein könnten.[37]

Beim Lügner-Paradox geht es darum, dass jemand behauptet, ein Lügner zu sein bzw. etwas Falsches zu sagen. Welchen Wahrheitswert hat dabei die Aussage ›Ich bin ein Lügner‹ bzw. ›Ich sage etwas Falsches‹? Wenn die Aussage wahr ist, dann muss sie zugleich falsch sein. Chrysipp hat sich offenbar ausführlich mit diesem Paradox beschäftigt. Seine Lösung ist verloren, sie rief jedoch bei späteren Autoren starke Kritik hervor. Anhand dieser Kritik lässt sich vermuten, dass er der Aussage ›Ich sage etwas Falsches‹ keinen eindeutigen Wahrheitswert zuschrieb, weil sie im Moment ihrer Äußerung an sich ambivalent ist. Falls dies stimmt, steht seine Lösung in Konflikt mit dem stoischen Bekenntnis zum Bivalenzprinzip. Diesem Prinzip, dem zufolge Aussagen stets wahr oder falsch sind, schrieben die Stoiker einen hohen Stellenwert zu.[38]

Das Sorites-Paradox (von *sôros*, ›Haufen‹) hat die Stoiker vermutlich weniger in Verlegenheit gebracht als das Lügner-Paradox. Das Paradox spielt mit der Vagheit von Begriffen wie ›wenig‹ oder ›Haufen‹. Nach einer gängigen Version wird das Paradox im Rahmen eines Frage- und Antwortspiels aufgebaut. Die erste Frage lautet beispielsweise: Ist ein Sandkorn ein Haufen? Die Antwort lautet Nein. Die nächste Frage lautet, ob durch ein zusätzliches Sandkorn ein Haufen entsteht. Die Antwort bleibt Nein. Bei jeder weiteren Frage wird ein Sandkorn hinzugefügt. Unter der Annahme, dass die Zugabe eines einzigen Sandkorns die Situation nicht ändert, bleibt die Antwort auch bei den weiteren Fragen Nein. Schließlich gelangt man aber zu einer so hohen Zahl, dass die Antwort Nein offensichtlich falsch ist.

Das Sorites-Paradox kursierte in der Antike auch in absteigenden Versionen, z. B. beim Paradox des Glatzköpfigen: Hat jemand, der ein Haar verliert, eine Glatze? Nein. Hat jemand, der zwei Haare verliert, eine Glatze? Nein. So geht es weiter, bis es um eine so hohe Zahl geht, dass der Haarverlust ganz offensichtlicher Weise eine Glatze verursacht.

In der Version eines Frage-Antwort-Spiels diente das Sorites-Paradox vermutlich dazu, voreilige Zustimmung zu identifizieren und zu vermeiden.[39] Die Stoiker empfahlen, vage Begriffe wie ›Haufen‹, ›Glatze‹ oder ›wenig‹ nur so lange anzuwenden, wie man sich auf sicherem Terrain befindet. Fragt den Weisen also jemand, ob zwei oder drei Sandkörner ein Haufen sind, verneint er; doch er wird sich des Urteils enthalten, lange bevor die Situation zweifelhaft wird.

Möglicherweise haben die Stoiker das Sorites-Paradox zudem auch als kompaktes Argument präsentiert, um nachweisen zu können, dass ihm ein Fehler zugrunde liegt.[40] Eine entsprechende Formulierung findet sich bei Diogenes Laertius:

> »Nicht ist zwar zwei wenig, nicht aber auch drei; und nicht ist zwar drei wenig, nicht aber auch vier; – und so weiter bis zehntausend; nun aber ist zwei wenig; also ist

auch zehntausend wenig«. (7.82 = LS 37 D; Übers. FDS 1207.)

Die Konklusion ist offensichtlich falsch, doch das Argument und seine Prämissen wirken korrekt.

Denkbar ist, dass die Stoiker den Fehler des Arguments in der Vagheit der Begriffe sahen: ›wenig‹ ist ebenso wie ›Haufen‹ oder ›Glatze‹ nicht präzise definiert. Legt man genau fest, ab welchem Grad von Haarverlust etwas eine ›Glatze‹, ab welcher Anzahl von Sandkörnern etwas ein ›Haufen‹ oder ab welcher Quantität etwas ›viel‹ genannt werden muss, gerät man nicht in die Paradoxie.

Eine solch scharfe Begriffsbildung wendeten die Stoiker tatsächlich im Bereich der Ethik an. Ihrer Meinung nach gibt es keinen graduellen Übergang von Schlechtigkeit zu Tugend und daher auch keine vorläufigen oder abgeschwächten Varianten eines tugendhaften Charakters. Vielmehr trennt Tugend und Schlechtigkeit eine klare, eindeutige Linie. Bis zu dem Augenblick, in dem man Tugend erwirbt, ist man schlecht. Möglicherweise ging es bei dieser scharfen Begriffsbildung auch darum, ein Sorites-Paradox mit Blick auf die Tugend zu vermeiden.[41]

Physik

Die stoische Physik widmet sich der Erforschung der Natur (*physis*). Ihr Ziel ist allerdings umfassender als das der modernen Physik oder Naturphilosophie: Sie zielt darauf, die gesamte Welt und unseren Platz in ihr zu verstehen.

In diesem Absolutheitsanspruch zeigt sich ein wichtiger Unterschied zu Aristoteles' Physik. Aristoteles ordnet einige zentrale Themen, die zum Verständnis unserer Welt nötig sind, nicht der Physik zu, sondern der Ontologie und der Theologie. Im Gegensatz dazu behandeln die Stoiker sämtliche Fragen, die zur Erklärung der Welt nötig sind, im Rahmen ihrer Physik. Sogar Gott ist für sie voll und ganz ein Gegenstand der Physik. Es gibt keine Aspekte der Wirklichkeit, die die Physik überschreiten. Aufgrund der Tatsache, dass die Stoiker eine vollständige Welterklärung durch die Physik für möglich halten, werden sie in der Forschungsliteratur bisweilen (bewusst anachronistisch) als ›Physikalisten‹ bezeichnet. Diese Kategorisierung kann allerdings, wie im nächsten Abschnitt gezeigt werden soll, irreführend sein.

Für die Physik der Stoa sind Körper fundamental: Nur Körper existieren, und nur Körper können kausal miteinander interagieren. Die einzelnen Körper unserer Erfahrungswelt werden dabei von zwei Prinzipien konstituiert, die ebenfalls Körper sind, nämlich dem passiven Prinzip, das mit der Materie identifiziert wird, und dem aktiven Prinzip, das meist mit der Vernunft oder Gott gleichgesetzt wird. Das aktive Prinzip wirkt auf die Materie ein, indem es sich mit dieser vollständig durchmischt. Das bedeutet, dass es nirgendwo Materielles gibt, das nicht von der Vernunft durchdrungen ist. Beim Studium der stoischen Physik geht es im Wesentlichen darum, zu begreifen, in welcher Weise das aktive Prinzip überall – auch in jedem von uns – tätig ist und alles miteinander verbindet.

Die stoische Physik behandelt einerseits philosophisch grundlegende Fragen zum Verhältnis der beiden Prinzipien, zur Interaktion von Körpern und zur Möglichkeit persönlicher Freiheit in einer kausal vollständig vernetzten Welt. Daneben umfasst sie aber auch erstaunlich konkrete Überlegungen, etwa zur Größe der Erde, zum Abstand zwischen Erde und Sonne, zu den Gezeiten und zu Wetterphänomenen wie Regenbögen, Donner und Wolken. In diesen Fragen gibt es Überschneidungen mit den antiken Naturwissenschaften, besonders mit der Astronomie und Meteorologie. Vor allem Poseidonios hegte ein großes Interesse an derartigen Themen. Er hebt jedoch hervor, dass sich die philosophische Reflexion von einer rein naturwissenschaftlichen Herangehensweise unterscheidet. Die Frage, wie groß die Erde sei und ob die Sonne eine runde Form habe, könne zwar aus beiden Perspektiven untersucht werden. Doch die mathematische Astronomie arbeite mit den Mitteln von Empirie und Geometrie und ermittle reine Fakten, während die Philosophie zusätzlich erkläre, warum die Welt so und nicht anders beschaffen sei.[1]

Die meisten Interpreten sind sich darin einig, dass die stoische Physik hohe Bedeutung für die Ethik hat.[2] Auch in dieser Hinsicht besteht ein wichtiger Unterschied zwischen der stoischen und der aristotelischen Physik: Den Stoikern geht es nicht allein darum, Theorien über die Natur zu entwickeln. Vielmehr sollen wir uns auch selbst als ihre Bewohner begreifen, die angehalten sind, der natürlichen Ordnung zu folgen. Das Studium der stoischen Physik soll uns dabei helfen, unsere Rolle im Kosmos zu verstehen und entsprechend zu leben. Nur wenn wir die vernünftige Ordnung des Kosmos begreifen, können wir unser Leben bewusst nach ihr ausrichten. Und erst wenn wir diese Ordnung als verbindlich für uns anerkennen, bewohnen wir den Kosmos als seine Bürger.[3] Während bei Aristoteles Physik und Ethik autonom nebeneinanderstehen, sind diese Disziplinen in der Stoa eng aufeinander bezogen.

Dies darf jedoch nicht so verstanden werden, als sei die Physik für die Stoiker bloß eine Teildisziplin der Ethik. Sie ist ein eigenständiger Bereich der Philosophie und besitzt für sich genommen einen hohen Wert. Die Stoiker bezeichnen die Erforschung und Wertschätzung der Natur wiederholt als Daseinszweck des Menschen.[4] Epiktet schreibt, Gott habe den Menschen als Betrachter seiner Werke in die Welt gebracht – »aber nicht nur als ihren Betrachter, sondern auch als ihren Interpreten« (Epiktet, *Diatr.* 1.6.19 = LS 63 E).

Mit Blick auf den eigenständigen Wert der Physik unterscheidet sich die stoische von der epikureischen Philosophie. Die Epikureer meinen zwar ebenfalls, ein tieferes Naturverständnis helfe dabei, irrationale Ängste vor Naturphänomenen, dem Tod und den Göttern zu überwinden, und sei daher Voraussetzung für das glückliche Leben. Bei Lukrez (um 99/ 94 – um 55/53 v. Chr.) heißt es, die Furcht vor der Finsternis werde nicht durch Sonnenstrahlen zerstreut, sondern durch systematisches Wissen über die Natur (Lukrez, *De rerum natura* 1.146–8). Doch den Epikureern zufolge geht der Wert der Physik nicht über diesen instrumentellen Nutzen hinaus (Epikur, *Kyriai Doxai* XI = LS 25 B).[5]

Noch in der römischen Stoa wurde der Physik ein hoher Stellenwert eingeräumt. Seneca, in dessen Werk ansonsten lebenspraktische Fragen im Vordergrund stehen, verfasste ein naturphilosophisches Werk in acht Büchern (*Naturales Quaestiones*), das sich vor allem mit meteorologischen und kosmologischen Fragen befasst. Er greift dabei Theorien der älteren Stoiker auf, weicht aber in einigen Hinsichten von der stoischen Orthodoxie ab. Zudem besitzen wir eine Abhandlung zur stoischen Astronomie von dem Stoiker Kleomedes, die zwischen 170 und 200 n. Chr. datiert wird. Kleomedes verteidigt darin die orthodoxe stoische Auffassung, der zufolge der Kosmos von einem unbegrenzten leeren Raum umgeben ist, gegen Einwände der Aristoteliker. Selbst bei Marc Aurel finden sich Reflexionen zur Physik: über die zwei Prinzipien, aus denen alles hervorgeht, die physikalische Konstitution einzelner Dinge und die durchgängige kausale Vernetzung der gesamten Welt (Marc Aurel, *Med.* IV 40; IX 25; IX 37,2; IV 21; XII 10; V 13).

Neben Chrysipp gilt Poseidonios als bedeutendster Architekt der stoischen Physik. In Diogenes Laertius' Bericht wird sein Name mit Abstand am häufigsten erwähnt. Möglicherweise geht ein erheblicher Teil der Überlieferung auf seine Lehren zurück.[6] Zu den wichtigsten Zeugnissen zur stoischen Physik gehört Ciceros Schrift *De natura deorum*, die eine Abhandlung zur stoischen Theologie und Kosmologie enthält. Weiterhin sind doxographische Berichte relevant, vor allem der Bericht bei Stobaios und der Bericht bei Diogenes Laertius, der leider deutlich kürzer ausfällt als seine Referate zu Ethik und Logik (Diog. Laert. 7.132–160).

Viele Aspekte der stoischen Physik sind uns durch Quellen überliefert, die dem stoischen Ansatz feindlich gegenüberstehen, nämlich durch den Skeptiker Sextus Empiricus (*M* 9–10; *PH* 2), Alexander von Aphrodisias sowie einige Platoniker und Neuplatoniker.

Sind die Stoiker Materialisten?

Die Stoiker werden häufig als Materialisten bezeichnet. Tatsächlich verleiten viele Aspekte der stoischen Physik dazu, eine solche Einordnung vorzunehmen. Die Stoiker sind der Auffassung, dass nur Körper existieren. Zudem wenden sie sich dezidiert gegen Platons Dualismus: Sie bestreiten, dass es einen transzendenten Bereich der Ideen gibt, von denen die Dinge unserer Erfahrungswelt abhängen. Außerdem verwehren sie sich gegen die Annahme, die Seele sei im Gegensatz zum Körper immateriell und unsterblich. Die Seele und andere Dinge, die in der Antike traditionellerweise als unkörperlich verstanden wurden, erklären die Stoiker ausdrücklich zu Körpern: Vernunft, Tugend und Schlechtigkeit, Gott und sogar Wahrheit.

Dennoch ist die Bezeichnung ›Materialismus‹ für die stoische Position irreführend. Viele Interpreten verwenden sie daher nur mit Vorbehalten.[7] Wie eingangs erwähnt, ist auch der Versuch, ihren Ansatz mit physikalistischen Theorien zu vergleichen, eher irreführend.[8] Vor allem lenkt eine solche Einordnung davon ab, dass für die Stoiker eine göttliche Vernunft die gesamte Welt vollständig durchdringt und sinnvoll ordnet. Dieser Ansatz ist gänzlich unvereinbar mit jenen Theorien, die heutzutage als physikalistisch gelten. Man muss sich vielmehr verdeutlichen, dass der Ansatz der Stoiker ein Gegenentwurf zum Weltbild der Epikureer darstellt. Die Epikureer sind tatsächlich Materialisten: Sie nehmen an, dass alle Dinge aus Atomen bestehen, die im leeren Raum zusammenstoßen und dadurch die Einzeldinge unserer Erfahrungswelt konstituieren. Diese Position weisen die Stoiker vehement zurück. Ihrer Ansicht nach kann die optimale Ordnung unserer Welt nicht das Produkt von Zufall sein, sondern muss auf einen vernünftigen Plan zurückgehen (Cicero, *De nat. deorum* 2.81–87).

Um den Begriff ›Materialismus‹ zu vermeiden, sprechen einige Interpreten von einer ›korporalistischen‹ Position.[9] Dies hebt hervor, dass die stoische Physik im Wesentlichen eine Theorie über Körper ist: Nicht nur der Kosmos und alle Einzeldinge in ihm sind Körper, sondern auch die beiden fundamentalen Prinzipien, die das Universum konstituieren. Die stoische Physik schließt zwar auch Entitäten ein, die unkörperlich sind, nämlich Leere, Ort, Zeit und das Sagbare (d. h. den semantischen Gehalt von Äußerungen). Diese ermöglichen nach Ansicht der Stoiker die kausale Interaktion zwischen Körpern, sind aber selbst nicht körperlich. Weil diese Dinge nicht körperlich sind, haben sie allerdings einen sekundären Status: Sie sind zwar ›etwas‹ (*ti*), existieren aber nicht im strengen Sinn. (Auf diese Entitäten werde ich weiter unten zurückkommen.)

Nur Körper existieren: Die Stoiker und die Erdensöhne aus Platons *Sophistes*

Die grundlegende Überzeugung der Stoiker lautet, dass nur Körper existieren. Ihre Position wird häufig als direkte Reaktion auf eine Passage aus Platons *Sophistes* gedeutet.[10] Diese Passage schildert die sogenannte ›Schlacht der Giganten‹, in der sich zwei verfeindete Parteien gegenüberstehen, nämlich die Freunde der Ideen und die Söhne der Erde. Die Erdensöhne sind der Ansicht, dass nur Dinge existieren, die man berühren kann, und dies seien Körper. Diese Ansicht vertreten sie so rabiat, dass sie eine andere Position nicht einmal hören wollen (*Soph.* 246a–b). Wie können die Erdensöhne jedoch Dinge erklären, die traditionell als unkörperlich verstanden werden, vor allem die Seele und die Tugenden? Dass diese Dinge existieren, so heißt es bei Platon, sei evident: Lebewesen seien sterblich, sie müssen daher neben dem Körper auch eine Seele besitzen, die sich beim Tod vom Körper trennt. Zudem seien einige Menschen gerecht, andere ungerecht. Es müsse daher Tugenden wie Gerechtigkeit sowie ihr Gegenteil geben.

Platon hebt hervor, dass man mit den echten Erdensöhnen über den Status derartiger Dinge nicht sprechen kann. Stattdessen solle man sich vorstellen, was ›gezähmte‹ Erdensöhne zu sagen hätten, die im Gegensatz zu den echten Erdensöhnen an einer Diskussion interessiert sind.[11] Er vermutet, dass diese hypothetischen Gesprächspartner vor allem bei der Frage nach den Tugenden schnell in Verlegenheit geraten würden: Wahrscheinlich würden sie sowohl davor zurückscheuen, die Existenz der Tugenden zu bestreiten, als auch davor, sie kurzerhand zu Körpern zu erklären. Den ›gezähmten‹ Erdensöhnen wird daher ein neues Kriterium für Existenz vorgeschlagen: Nicht Körperlichkeit sei entscheidend für Existenz. Vielmehr existiere alles das, was die Fähigkeit (*dynamis*) habe, etwas zu bewirken oder zu erleiden (*Soph.* 247d–e). Weil die Seele und die Tugenden kausal wirksam sind, kann man ihnen mithilfe dieses Kriteriums Existenz zuschreiben, ohne zugleich behaupten zu müssen, dass sie körperlich sind. Platons gezähmte Erdensöhne akzeptieren dieses neue Kriterium für Existenz.

Die Stoiker akzeptieren dieses Kriterium dagegen nicht. Sie kehren zur ursprünglichen Position der ungezähmten Erdensöhne zurück: Ihrer Ansicht nach existieren nur Körper. Allerdings verfeinern sie die Position der Erdensöhne in einem entscheidenden Punkt: Körper sind nicht einfach das, was man berühren kann. Sie sind vielmehr das, was kausal interagiert. Aus diesem Grund kommen die Stoiker nicht in Verlegenheit, wenn man sie nach der Existenz von Tugend und Schlechtigkeit, der Seele, der Vernunft und anderer Dinge fragt. Sie schließen aus der kausalen Kraft dieser Dinge, dass sie existieren. Vor allem aber scheuen sie – anders als die gezähmten Erdensöhne – nicht davor zurück, sie rundheraus zu Körpern zu erklären.[12]

Das stoische Argument für die Körperlichkeit der Seele basiert auf der Prämisse, dass nur Körperliches etwas erwirken oder erleiden kann. Aus der Beobachtung, dass die Seele auf anderes einwirkt und selbst für Einwirkungen empfänglich ist, folgt daher ihre Körperlichkeit:

> »Ferner sagt er [Kleanthes]: Nichts Unkörperliches interagiert mit einem Körper und kein Körper mit etwas Unkörperlichem; sondern es interagiert ein Körper mit ei-

nem Körper. Nun interagiert die Seele mit dem Körper, wenn dieser krank ist und geschnitten wird, und der Körper mit der Seele; er wird ja rot, wenn sie sich schämt, und bleich, wenn sie sich fürchtet. Also ist die Seele ein Körper.« (Nemesios, *De natura hominis* 78,7–79,2 = LS 45 C.)

Die Argumente für die Körperlichkeit von Tugend und Schlechtigkeit oder der Vernunft funktionieren analog. Tugend und Schlechtigkeit sind Verfassungen des Charakters, die beeinflussen, welche Emotionen jemand empfindet oder welche Handlungen er wählt.[13] Da sie also kausal wirksam sind, müssen sie körperlich sein. Dies verstehen die Stoiker durchaus physikalisch: Die Seele des Tugendhaften hat andere körperliche Qualitäten als die des Schlechten, insbesondere weist sie größere Festigkeit auf.

Die Stoiker heben außerdem hervor, dass die Seele wie alle anderen Einzelkörper vergänglich ist. Sie bestreiten somit gegen Platon die Unsterblichkeit der Seele. Beim Tod eines Lebewesens wird sie vom Körper getrennt und zerfällt anschließend meist rasch. Nur die Seele des Weisen kann aufgrund ihrer hohen Festigkeit noch für eine gewisse Weile fortbestehen, möglicherweise sogar bis zum nächsten zyklischen Weltenbrand (Eusebius, *Praep. evang.* 15.20.6 = LS 53 W).

Was ist ein Körper?

Die Stoiker definieren Körper als dreidimensional und widerstandsfähig. Bei Diogenes Laertius heißt es:

»Wie Apollodor in seiner *Physik* sagt, ist ein Körper das dreifach Ausgedehnte, in Länge, Breite und die Tiefe; dies nennt man auch einen festen Körper.« (Diog. Laert. 7.135 = LS 45 E)

Mit »fest« ist offenbar Widerstandsfähigkeit gemeint. So heißt es in einer anderen Quelle, die Stoiker definierten Körper als »das dreidimensional Ausgedehnte mit Widerstandsfähigkeit« (Ps.-Galen, *Quod qualitates incorporeae sint* 9 = LS 45 F). Beide Aspekte der Definition (Dreidimensionalität und Widerstandsfähigkeit) können leicht missverstanden werden. Es ist daher hilfreich, das stoische Verständnis einerseits gegen die hylemorphistische Sichtweise von Aristoteles und andererseits gegen die atomistische Position der Epikureer abzugrenzen.[14]

Gegen Aristoteles machen die Stoiker geltend, dass Körper fundamental sind. Körper haben somit an sich keine Anteile, die selbst unkörperlich wären. Dass Körper dreidimensional sind, heißt also nicht, dass diese Dreidimensionalität als etwas Zusätzliches zum Körper hinzukommt, etwa als immaterielle Form oder Qualität. Wäre dies der Fall, wären Körper nicht grundlegend, sondern ihrerseits Zusammensetzungen. Dass Körper dreidimensional sind, heißt vielmehr, dass Dreidimensionalität ein wesentlicher Aspekt von Körperlichkeit ist. Körper sind *qua* Körper dreidimensional.

Der zweite Aspekt der Definition ist Widerstandfähigkeit. Dies ist ebenfalls ein elementarer Aspekt aller Körper. Die Stoiker kennen auch Entitäten, die dreidimensional sind und keine Widerstandsfähigkeit aufweisen, nämlich Ort und Leere. Doch diese sind nach stoischer Definition keine Körper.[15] Körper sind im Gegensatz zu diesen Entitäten in dem Sinn widerstandsfähig, dass sie mit anderen Körpern in Kontakt treten können. Dies ist Voraussetzung dafür, kausal zu interagieren.

Den Stoikern zufolge können Körper nun auf verschiedene Weisen miteinander in Kontakt treten: Sie können sich an ihren Oberflächen berühren und aneinander abprallen. Sie können sich aber auch gegenseitig durchdringen und sogar vollständig miteinander vermischen. Dieser Aspekt der stoischen Körperauffassung – die Annahme, dass Körper sich ganz und gar miteinander vermischen können – ist zentral für die gesamte Physik. Dies wird im Kontext der stoischen Theorie zur Mischung noch deutlicher werden.

Im Hinblick auf die Frage, ob Körper sich miteinander vermischen können, besteht ein scharfer Widerspruch zwischen der Physik der Stoiker und der Physik der Epikureer.[16] Die Epikureer halten zwar ebenfalls Körper für die fundamentalen Bausteine der Welt. Sie sind jedoch im Gegensatz zu den Stoikern Atomisten. Ihrer Theorie zufolge bestehen alle Einzelkörper letztlich aus Atomen, d. h. aus kleinsten, nicht weiter teilbaren Körpern (gr. *atomon*, ›unteilbar‹). Weil Atome unteilbar und damit undurchdringlich sind, können sie nur an ihren Oberflächen in Kontakt treten und sich nicht gegenseitig durchdringen. Sie prallen aneinander ab. Der epikureischen Theorie nach ist es somit unmöglich, dass Körper sich vollständig miteinander vermischen. Auf atomarer Ebene ist der Durchmischung eine Grenze gesetzt, denn dort können Körper nur nebeneinanderliegen und nicht ineinander aufgehen.

Der Ansatz der Stoiker wird häufig als ›Physik des Kontinuums‹ bezeichnet.[17] Sie verstehen Körper als Kontinua, d. h. als nahtlos fortlaufende Einheiten ohne Unterbrechungen oder Lücken. Ein solches Kontinuum zeichnet sich dadurch aus, dass es unendlich teilbar ist. Damit setzen die Stoiker sich in einem wichtigen Punkt vom Atomismus der Epikureer ab. Während die Epikureer nämlich annehmen, dass Körper auf der atomaren Ebene nicht weiter zerteilt werden können und jeder Körper somit aus einer zählbaren Menge kleinster körperlicher Teile besteht, meinen die Stoiker, dass jede noch so kleine körperliche Einheit in weitere Einheiten zerlegt werden kann.[18] Dies ist die entscheidende Voraussetzung dafür, dass Körper sich nicht nur an den Oberflächen berühren, sondern vollständig miteinander verschmelzen können. Wenn zwei Körper miteinander verschmelzen, können sie sogar exakt dieselbe Raumzeitstelle einnehmen. Dies ist offensichtlich im Rahmen einer atomistischen Konzeption unmöglich: Jedes Atom beansprucht einen eigenen, separaten Raum; atomistisch aufgebaute Körper können daher nicht vollständig deckungsgleich werden.

Die Fähigkeit von Körpern, sich zu vermischen, ist vor allem mit Blick auf das Verhältnis der beiden Prinzipien bedeutsam, aus denen nach stoischer Ansicht der gesamte Kosmos besteht. Die beiden Prinzipien sind dieser Theorie zufolge zwei eigenständige Körper, die durch und durch miteinander verschmelzen. Daher ist auch der Kosmos als Ganzer nach stoischer Ansicht ein Kontinuum: Er enthält keinen leeren Raum und keine Lücken, sondern ist ein bruchloses Ganzes. Es gibt keinen Teil an ihm, in dem nicht beide Prinzipien vorkämen.

Die zwei Prinzipien: Vernunft und Materie

Nach stoischer Ansicht lassen sich alle körperlichen Einzeldinge (und somit alles, was existiert) auf zwei Prinzipien (*archai*) zurückführen, nämlich auf ein aktives (*to poioun*) und ein passives (*to paschon*) Prinzip. Gemeinsam konstituieren sie den Kosmos und alles in ihm:

> »Sie [die Stoiker] sind der Ansicht, dass das Universum zwei Prinzipien habe, das Tätige und das, worauf eingewirkt wird. Dasjenige, worauf eingewirkt wird, sei die nicht eigenschaftsmäßig bestimmte Substanz, d. h. die Materie; das Tätige sei die Vernunft in ihr, d. h. Gott. Da sie nämlich ewig sei, schafft sie jeden einzelnen Gegenstand im gesamten Bereich der Materie. [...] Sie sagen, zwischen Prinzipien und Elementen bestehe ein Unterschied; erstere nämlich seien ungeworden und unvergänglich, während die Elemente beim Weltbrand zugrunde gingen. Außerdem seien die Prinzipien auch Körper und hätten keine Form, während die Elemente mit einer Form ausgestattet seien.« (Diog. Laert. 7.134 = LS 44 B.)

Das passive Prinzip wird im vorliegenden Text mit der Materie (*hylê*) gleichgesetzt. Es ist völlig unbestimmt. Das aktive Prinzip wird hier mit der Vernunft (*logos*) und Gott (*theos*) identifiziert. In anderen Texten erhält es noch eine Reihe weiterer Namen, etwa ›Fatum‹, ›Zeus‹, ›Vorsehung‹, ›kreatives Feuer‹ oder ›heißer Luftstrom‹ (*pneuma*). Dieses Prinzip wirkt auf die Materie ein, durchdringt sie überall und konstituiert dadurch die einzelnen Körper – den Kosmos als Ganzen sowie alles, was er enthält: Steine, Artefakte, Pflanzen, Tiere, Menschen, ihre Seelen, ihre Vernunft, ihre Tugend oder Schlechtigkeit und ihre stimmlichen Äußerungen (den semantischen Gehalt der Äußerungen konstituieren sie dagegen nicht, denn er gehört zum Unkörperlichen). Während die beiden Prinzipien unvergänglich und unzerstörbar sind, unterliegen alle einzelnen Körper dem Entstehen und Vergehen. Dies gilt nicht nur für Lebewesen und Artefakte, sondern auch für den Kosmos als Ganzen, der in zyklischen Abständen in einem Weltbrand untergeht und sich anschließend wieder neu konstituiert (Diog. Laert. 7.141–2 = LS 46 J).

Die Stoiker sind der Ansicht, dass die beiden ersten Prinzipien ebenfalls Körper sind. Dies folgt aus der Annahme, dass sie kausal interagieren. Die kausale Beziehung zwischen den beiden Prinzipien ist zwar asymmetrisch: Das aktive Prinzip wirkt auf die Materie ein, das passive Prinzip ist für diese Einwirkungen empfänglich. Dennoch können beide nach stoischer Ansicht ihre jeweilige kausale Rolle nur deswegen übernehmen, weil sie körperlich sind: Nur Körper können etwas bewirken oder erleiden (Cicero, *Acad.* 1.39 = LS 45 A). In einigen Quellen werden die Prinzipien zudem explizit ›Körper‹ genannt (Aristokles bei Eusebius, *Praep. evang.* 15.14.1 = LS 45 G).

In der Vergangenheit wurde dennoch häufiger bezweifelt, dass die Stoiker die beiden Prinzipien im wörtlichen Sinn als Körper verstanden wissen wollen. Diese Zweifel wurden unter anderem von einer Parallelversion zum oben zitierten Text genährt. Während der Text in seiner Hauptüberlieferung die beiden Prinzipien eindeutig »Körper« (*sômata*) nennt, steht in der Parallelversion des Textes aus der Suda, sie seien »unkörperlich« (*asômata*). Aus diesem Grund wurde in der Forschung diskutiert, ob die Stoiker die Prinzipien als begriffliche Abstraktionen auffassen und daher dem Unkörperlichen zuordnen. Gegen diese Lesart spricht jedoch nicht nur, dass zwei unkörperliche Prinzipien nicht kausal interagieren könnten. Es wäre auch unverständlich, warum die Stoiker sie in ihren Listen der unkörperlichen Dinge nicht erwähnten.

Damit ist allerdings noch nicht klar, wie wir die Theorie genau verstehen sollen. Körper sind nach stoischer Ansicht dreidimensional und widerstandsfähig. Doch was sollen wir uns unter einer dreidimensional ausgedehnten Vernunft vorstellen? Und wie kann die Materie einerseits eigenschaftslos und unbestimmt, aber andererseits ein Körper sein?[19] Ein weiteres Problem besteht darin, dass die beiden Prinzipien nach stoischer Ansicht immer vollständig miteinander vermischt sind und nirgendwo in Reinform vorliegen. Daher schlagen einige Interpreten vor, passives und aktives Prinzip nicht als selbständige Körper zu verstehen, sondern als zwei Aspekte von Körperlichkeit. Für diese Deutung wird unter anderem angeführt, dass die Stoiker die Einheit des Kosmos stark hervorheben: Der Kosmos sei ein großes Ganzes, das in sich aktive und passive Qualitäten vereint.[20]

Eine derartige Interpretation widerspricht jedoch der stoischen Darstellung. Die Stoiker heben hervor, dass die beiden Prinzipien eine Mischung von einer speziellen Art eingehen. In dieser Mischung behalten beide Prinzipien ihre ursprünglichen Naturen. Damit ist nicht lediglich gemeint, dass die Mischung die Qualitäten beider Prinzipien aufweist. Vielmehr bedeutet es, dass sie zwei *eigenständige*

Körper enthält, die jederzeit voneinander getrennt werden können. Die stoische Theorie der Mischung ist von zentraler Bedeutung für ihre gesamte Physik. Sie ist grundlegend für ein Verständnis dafür, auf welche Weise die Vernunft auf die Materie einwirkt, und inwiefern sie in allen Dingen – als eigenständiger Körper – enthalten ist. Diese Theorie wird in den nächsten beiden Abschnitten beleuchtet.

Mischung

Die Vernunft und die Materie konstituieren alle einzelnen Dinge und die gesamte Welt, indem sie sich miteinander vermischen. Die Stoiker heben hervor, dass es sich um eine spezielle Art der Mischung handelt, bei der beide Körper sich vollkommen durchdringen, dabei jedoch ihre eigene Natur bewahren. Obwohl aktives und passives Prinzip nirgendwo separat vorliegen, können sie also prinzipiell jederzeit voneinander gelöst werden.

Um den Charakter dieser Mischung schärfer zu konturieren, vergleichen die Stoiker sie mit zwei anderen Arten von Mischung, nämlich mit der Nebeneinanderlagerung (*parenthesis*) und der Fusion (*synchysis*), die bereits Aristoteles voneinander unterschieden hatte. Bei einer Nebeneinanderlagerung haben verschiedene Dinge Kontakt miteinander, ohne sich wechselseitig zu durchdringen. In einem Obstsalat oder gemischten Kartenset bleiben die einzelnen ›Zutaten‹ eigenständige Einheiten, daher kann ein Obststück oder eine Karte der Mischung jederzeit entnommen werden. Im Fall der Fusion verlieren die Zutaten jedoch jegliche Eigenständigkeit und bilden eine homogene Substanz, aus der sie nicht mehr herausgenommen werden können. Als Beispiel werden Arzneimittel genannt, in denen die Ingredienzien gemeinsam einen Stoff mit neuen Qualitäten erzeugen.

Die vollständige Mischung (*krasis di' holôn*) unterscheidet sich von der Nebeneinanderlagerung dahingehend, dass sich in ihr zwei Körper durchdringen, und sie unterscheidet sich von der Fusion dahingehend, dass diese Körper dabei ihre ursprünglichen Naturen bewahren. Die Bestandteile der Mischung bringen also eine neue, einheitliche Entität hervor, sie können aber prinzipiell wieder voneinander getrennt werden. Die stoische Theorie der vollständigen Mischung wird bei Alexander von Aphrodisias zusammengefasst:

> »Von wiederum anderen Mischungen erklärt er [Chrysipp], sie entstünden dadurch, dass bestimmte Substanzen und deren Eigenschaften total miteinander koextensiv werden unter gleichzeitiger Erhaltung der ursprünglichen Substanzen und Eigenschaften in einer derartigen Mischung, von der er sagt, unter den Mischungen sei sie eine Verschmelzung im eigentlichen Sinne [...]. Ein Spezifikum ›verschmolzener‹ Ingredienzien ist nämlich, dass sie wieder voneinander getrennt werden könne, was nur deshalb so ist, weil die verschmolzenen Ingredienzien in der Mischung ihre eigenen Naturen bewahren.« (Alex. Aphr., *Mixt.* 216.25–217.2 = LS 48 C (4).)[21]

In einer vollständigen Mischung oder Verschmelzung berühren sich zwei Körper nicht nur oberflächlich, sondern durchdringen sich wechselseitig und liegen somit ineinander. Sie nehmen exakt denselben Raum ein. Wie bereits im Abschnitt »Was ist ein Körper?« erwähnt, liefert die anti-atomistische Körperkonzeption eine entscheidende Voraussetzung für diese Theorie. Nur wenn Körper Kontinua sind, können sie exakt denselben Raum einnehmen und sich ganz und gar durchdringen. Dem atomistischen Modell zufolge können Körper sich zwar bis zur atomaren Ebene vermischen, aber nicht darüber hinaus: Auf der Ebene der Atome liegen sie nebeneinander.[22]

Für die These, dass zwei Körper in derartigen Mischungen ihre eigenständigen Naturen bewahren können, spricht den Stoikern zufolge auch die Empirie. Beispielsweise könne man Wein und Wasser vermischen und wieder voneinander trennen, indem man einen Ölschwamm hineinhält, der nur das Wasser aufsaugt (Stob. I 155,5–11 = LS 48 D). Die Mischung von Wein und Wasser galt offenbar generell als hilfreiches Anschauungsbeispiel für eine ›vollständige Mischung‹. Chrysipp führt sie in einem berühmten Zitat für die Ansicht an, dass ein Körper seine Natur in einer vollständigen Mischung auch dann bewahren kann, wenn er für die Durchdringung des anderen Körpers sein Volumen extrem ausdehnen muss (Plutarch, *Comm. not.* 37, 1078e = LS 48 B).

> »Chrysipp sagt: Nichts hält einen einzigen Tropfen Wein davon ab, sich ins Meer zu mischen; und damit wir uns darüber nicht weiter wundern, sagt er, dass der Tropfen sich durch die Mischung über die ganze Welt ausdehnt.«

Bei Alexander von Aphrodisias findet sich ein etwas eingängigeres Beispiel: Der Weihrauch behält seine Beschaffenheit auch dann, wenn er beim Räuchern in höchstmöglichem Grad verdünnt wird (Alex. Aphr., *Mixt.* 217.14–16; LS 48 C (8)).[23] Ein zweites Beispiel, das Alexander etwas später erwähnt, ist das Feuer, das sich mit dem Eisen vermischt (Alex. Aphr., *Mixt.* 218.2–3 = LS 48 C (11)). (Auf dieses Beispiel werde ich im nächsten Abschnitt zurückkommen.)

Kritik an der stoischen Theorie der Mischung

Die stoische Theorie der Mischung weckt heutzutage große Irritation. Wo kann es in einem soliden Körper überhaupt Platz für einen zweiten Körper geben? Und wie kann ein Körper einen anderen vollständig in sich aufnehmen und überall durchdringen, ohne seine ursprüngliche Beschaffenheit zu verlieren? Ähnliche Bedenken, wie sie heutige Interpreten häufig äußern, gab es bereits in der Antike. Vor allem wurde eingewendet, dass Körper ›voll‹ sind und daher keinen zweiten Körper in sich aufnehmen können (Alex. Aphr., *Mixt.* 218.15–24).[24] Darüber hinaus kritisierte man die Stoiker dafür, dass sie nicht überzeugend erklärten, wie sich die Volumen der beiden ursprünglichen Körper auf das Volumen der Mischung auswirken. Es ist nicht klar, welche Ansicht die Stoiker zu dieser Frage vertraten. Möglicherweise behaupteten sie, dass die beiden ursprünglichen Körper ihre Volumen nicht addierten, sondern sich der kleinere Körper auf das Volumen des größeren ausdehne (Alex. Aphr., *Mixt.* 219.9–20). Plutarch findet diese Theorie paradox: Wenn man einen Schöpfer Wein mit zwei Schöpfern Wasser mischt, müsste der Wein sich auf das

Volumen des Wassers ausdehnen, also auf zwei Schöpfer; doch das Gesamtvolumen der Mischung habe sich durch seine Zugabe auf drei Schöpfer erhöht (Plutarch, *Comm. not.* 1078a).

Leider ist nicht bekannt, wie die Stoiker auf derartige Kritik reagierten. Überhaupt kennen wir ihre Theorie zur vollständigen Mischung in weiten Teilen nur deswegen, weil sie von späteren Autoren kritisiert und zurückgewiesen wurde. Möglicherweise liegt der antiken Kritik eine verzerrte Darstellung oder ein Missverständnis der ursprünglichen Theorie zugrunde. Vanessa de Harven ist der Ansicht, dass sämtliche Kritikpunkte einen Körperbegriff voraussetzen, den die Stoiker abgelehnt haben. Die Kritiker missachten ihrer Ansicht nach insbesondere die stoische Konzeption von Körpern als unteilbare Kontinua. Die Vorstellung, dass Körper ›voll‹ seien und bei ihrer Vermischung ihr Volumen aufaddieren müssten, setze voraus, dass sie rigide und nur endlich teilbar seien.[25]

An dieser Stelle möchte ich zu dem Beispiel zurückkehren, das Alexander von Aphrodisias nennt, nämlich zur Mischung aus Feuer und Eisen. Alexander erläutert dieses Beispiel nicht näher, es bietet jedoch möglicherweise einen Schlüssel zum besseren Verständnis der stoischen Theorie. Wenn ein Schmied Eisen ins Feuer hält, dann vermischt sich ein Teil des Feuers mit dem Eisen. Das Feuer umschließt das Eisen dabei nicht rein äußerlich, sondern durchmischt sich vollständig mit ihm, so dass ein roter und formbarer Körper entsteht: eine Mischung aus Eisen und Feuer. In dieser Mischung behalten beide Körper ihre eigenständigen Naturen, was daran deutlich wird, dass sie sich wieder trennen können. Das Feuer entweicht in die Luft und zerfällt dort nach kurzer Zeit, das Eisen wird wieder grau und hart. Vor allem aber durchdringt das Feuer das gesamte Eisen in dem Sinn, dass es sich auf das Volumen des Eisens ausdehnt und exakt denselben Raum einnimmt.[26] Offenbar benötigt das Feuer dafür weder ›Platz‹ im Eisen noch fügt es ihm zusätzliches Volumen hinzu.

Die stoische Beschreibung klingt für uns heutzutage natürlich dennoch irritierend oder ungenau: Die Tatsache, dass Eisen sich im Feuer erhitzt, so möchten wir einwenden, ist nicht dadurch zu erklären, dass das Feuer als ein zweiter, separater Körper in das Eisen eindringt. Vielmehr verändert sich beim Erhitzen die Qualität oder der Aggregatzustand des Eisens. Das mag sein, doch im *stoischen* Sinn lässt sich diese ›Hitze‹ durchaus als Körper verstehen: Sie ist widerstandsfähig, insofern sie physisch auf das Eisen einwirkt und es formbar macht. Und sie ist dreidimensional ausgedehnt, insofern sie sich im Eisen befindet und dort ausbreitet.

Diese Interpretation führt zu der Frage, ob ein Körper im stoischen Sinn immer eine Masse hat. Für eine solches Verständnis spricht sich Vanessa de Harven aus: Ein Körper zu sein bestehe darin, »eine kontinuierliche Masse von einer bestimmten Größe und Form zu sein«[27]. Folgt man de Harven, muss auch die göttliche Vernunft über eine Masse verfügen. Vielleicht lässt sich jedoch die stoische Definition von Körpern noch minimalistischer deuten. Wie wir gesehen haben, legt diese Definition lediglich fest, dass Körper erstens widerstandsfähig sind und zweitens eine Ausdehnung haben. Dies bedeutet nicht zwingend, dass sie auch eine Masse besitzen. Dass die göttliche Vernunft ein Körper ist, bedeutet möglicherweise einfach, dass sie mit anderem in Kontakt tritt und sich im Raum ausdehnt. Sie könnte sich dabei in ähnlicher Weise in der Materie ausbreiten wie das Feuer im Eisen.

Tatsächlich identifizieren die Stoiker die göttliche Vernunft nach orthodoxer Lehre mit einem heißen Luftstrom, genannt *pneuma* (Stob. 1.79.1–2 = LS 55 M). Als technischer Begriff wurde das *pneuma* vermutlich von Chrysipp eingeführt. Doch bereits Zenon hatte die Seele als einen heißen Atemstrom und Gott als ›kreatives Feuer‹ bezeichnet (Stob. 1.213,15–21 = LS 46 D).[28] Möglicherweise dachten die Stoiker dabei weniger an einen gasförmigen Körper mit Masse als schlichtweg an eine räumlich ausgedehnte, kausale Kraft, die der Materie so wenig Volumen hinzufügt wie das Schmiedefeuer dem Eisen.

Kausalität: Ursachen sind aktive Körper

Die bekannteste Ursachen-Lehre der Antike stammt von Aristoteles. Er unterscheidet in seiner *Physik* vier Ursachen voneinander, nämlich 1. Materie, 2. Form, 3. Bewegungsursache und 4. Zweck- oder Zielursache. Seiner Ansicht nach tragen alle vier Faktoren wesentlich dazu bei, dass etwas Neues entstehen kann. Häufig erläutert er dies anhand von Artefakten: Entsteht ein Haus, benötigt man Materie (Ziegel), eine Form (die Gestalt des Hauses) und etwas Bewegendes (Bauarbeiter); das Haus dient zudem einem Zweck (Schutz vor Kälte, Hitze und Regen). Bei der Zeugung von Tieren sind ebenfalls die genannten vier Ursachen beteiligt: Das Menstruationsblut des Weibchens ist die Materialursache, der Samen des Männchens ist die Bewegungsursache. Diese Bewegungsursache stiftet in der Materie eine Form, nämlich die Seele. Zielursache ist das erwachsene Tier, zu dem sich das Junge entwickeln wird.

Die Stoiker weisen die Vier-Ursachen-Lehre zurück. Es sei nicht hilfreich, einen ganzen »Schwarm« von Ursachenarten anzunehmen (Seneca, *Ep.* 65.4–11).[29] Stattdessen schlagen sie eine einheitliche Bestimmung des Begriffs vor, demzufolge eine Ursache immer ein aktiver Körper ist, der an einem anderen Körper etwas bewirkt. Nach einer bei Stobaios überlieferten knappen Definition ist eine Ursache »ein körperliches Deswegen« (Stob. I 138, 14–139 = LS 55 A).[30] Warum bezeichnen die Stoiker aber nur Aktives als Ursache? Michael Frede vermutet, dass es den Stoikern bei der Frage nach der Ursache primär um Verantwortung geht. Wer nach der Ursache einer Sache fragt, erwartet keine umfassende Erklärung, die sämtliche beteiligte Faktoren berücksichtigt. Er möchte vielmehr wissen, wer oder was die betreffende Sache aktiv, durch sein Zutun, herbeigeführt hat.[31] Ursache dafür, dass der Baum brennt, ist der Blitz, der in ihn eingeschlagen hat. Der Sauerstoff in der Atmosphäre und die hitzebedingte Trockenheit sind zwar ebenfalls notwendige Bedingungen für das Brennen des Baumes, sie sind jedoch keine Ursachen.

Die Beschränkung von Ursachen auf aktive Körper hat eine wichtige Konsequenz für den Status der beiden Prinzipien: Während aktives und passives Prinzip gemeinsam zur Konstitution des Kosmos und aller Dinge beitragen, ist entsprechend dem stoischen Verständnis nur das aktive Prinzip eine Ursache. In der römischen Stoa wird das aktive Prinzip daher bisweilen einfach »Ursache« genannt:[32]

»Wie du weißt, sagen unsere Stoiker, dass es in der Natur zwei Sachen gibt, woraus alles hervorgeht, Ursache und Materie. Die Materie liegt untätig, eine Sache, bereit für alles, aber ruhig zu liegen bestimmt, wenn niemand sie bewegt. Die Ursache andererseits, d. h. die Vernunft, gestaltet die Materie und wendet sie, wohin immer sie will, und bringt aus ihr ihre vielfältigen Werke hervor.« (Seneca, *Ep.* 65.2 = LS 55 E.)

Die Stoiker bestreiten damit keineswegs, dass Materie einen Beitrag zur Konstitution des Universums liefert. Sie ist notwendige Voraussetzung dafür, dass der Kosmos und alle Dinge in ihm existieren. Gemeinsam mit der Vernunft konstituiert sie alles, was existiert. Sie ist jedoch keine Ursache: Insofern sie Einwirkungen seitens des aktiven Prinzips *empfängt*, ist sie zwar an Kausalität beteiligt. Sie ist aber nicht *aktiv*. Nur die göttliche Vernunft ist eine Ursache, insofern sie in der Kausalbeziehung den aktiven Part übernimmt.[33]

Anhand der Kausalbeziehung zwischen aktivem und passivem Prinzip wird deutlich, dass die stoische Auffassung von Kausalität sich nicht nur signifikant von Aristoteles' Vier-Ursachen-Lehre unterscheidet, sondern auch von unserem heutigen Verständnis. Sprechen wir von Kausalität, unterscheiden wir zwischen Ursache und Wirkung und haben dabei zwei separate Ereignisse im Sinn, wobei die Ursache der Wirkung zeitlich vorausgeht (z. B. der Einschlag des Blitzes – das Brennen des Baums; das Schneiden des Skalpells – das Bluten der Wunde). Die Wirkung kann dann wiederum zur Ursache einer weiteren Wirkung werden (das Brennen des Baums – das Aufheizen der Luft – das

Brennen des nächsten Baums usw.). So entstehen sogenannte Ursache-Wirkungs-Ketten. Die stoische Kausalität unterscheidet dagegen zunächst nur zwischen etwas Aktivem und etwas Passivem.[34] Aktiver und passiver Körper existieren dabei zeitgleich (der Blitz schlägt in den Baum ein; das Skalpell schneidet das Fleisch; das aktive Prinzip durchdringt die Materie).

Was sind der stoischen Theorie zufolge nun die Wirkungen von Ursachen? Bei Aristoteles sind die Wirkungen substanzielle Gegenstände: Die vier Ursachen (Materie, Form, Bewegungsursache und Zielursache) bringen gemeinsam eine neue Substanz hervor, etwa ein Haus oder ein Tier. Dieser Analyse widersprechen die Stoiker. Sie folgen zwar dem Grundsatz, dass nur Körper interagieren. Sie meinen jedoch, dass die Wirkung einer Ursache nicht wiederum ein Körper ist. Die Wirkung ist vielmehr etwas Unkörperliches, nämlich ein Sagbares (*lekton*). Die bekannteste stoische Analyse von Ursache und Wirkung lautet:

> »Das Skalpell, ein Körper, verursacht an einem anderen Körper, dem Fleisch, das Prädikat ›geschnitten sein‹« (Sext. Emp. *M* 9.211 = LS 55 B).

Die kausale Einwirkung findet also zwischen zwei Körpern statt, dem Skalpell und dem Fleisch. Doch die Interaktion dieser Körper hat nicht den Effekt, dass ein weiterer Körper entsteht. Vielmehr verursacht sie etwas Sagbares (*lekton*), in diesem Fall das Prädikat »geschnitten«. Inwiefern ein solches Prädikat unkörperlich ist, wird im nächsten Abschnitt behandelt. Entscheidend ist hier, dass die Wirkung des Skalpells nicht der Schnitt im Fleisch ist. Ebensowenig ist die Wirkung des Blitzes das Brennen des Baums. Die Wirkung des Skalpells besteht vielmehr darin, dass man zu Recht vom Fleisch *sagen* kann, es sei geschnitten. Und die Wirkung des Blitzes besteht darin, dass man zu Recht vom Baum *sagen* kann, er brenne.[35] Dieser Analyse zufolge sind Wirkungen von anderer Art als Ursachen: Sie sind keine Körper. Folglich können die Wirkungen nicht ihrerseits als Ursachen tätig werden (vgl. den folgenden Abschnitt »Unkörperliches«).

Wie kann dieser schwierige Aspekt der stoischen Kausalitätstheorie verstanden werden? Zunächst ein Hinweis: Die Einwirkung des Skalpells auf das Fleisch und die Einwirkung des aktiven Prinzips auf die Materie stellen zwei genuin stoische Beispiele für kausale Interaktionen zwischen Körpern dar. Der Vergleich der beiden Beispiele macht deutlich, dass Körper nach stoischer Ansicht auf höchst unterschiedliche Weise miteinander in Kontakt treten und aufeinander einwirken können. Skalpell und Fleisch sind zwei räumlich getrennte Körper. Das Skalpell wirkt auf das Fleisch äußerlich und punktuell ein. Im Fall der beiden ersten Prinzipien findet die Interaktion auf andere Weise statt. Das aktive Prinzip wirkt nicht von außen oder punktuell auf die Materie ein, sondern dadurch, dass es sich vollständig mit ihr durchmischt. Gemeinsam ist Skalpell und aktivem Prinzip, dass sie körperliche ›Deswegen‹ sind: Das Skalpell ist die Ursache dafür, dass das Fleisch »geschnitten« genannt werden kann. Für was ist nun das aktive Prinzip die Ursache? Eine vielleicht naheliegende Antwort lautet: Das aktive Prinzip ist die Ursache aller Einzeldinge. Es verursacht den Kosmos und alle Dinge, die in ihm vorkommen.

Doch soeben wurde erläutert, dass nach stoischem Kausalitätsbegriff die Wirkung einer Ursache kein Körper, sondern etwas Sagbares ist, ein *lekton*. Die Wirkungen des aktiven Prinzips können somit nicht der Kosmos und die Einzeldinge in ihm sein, denn diese sind Körper. Die Wirkung liegt vielmehr darin, dass man von den einzelnen Körpern sagen kann, sie seien ›Sokrates‹, ›ein Käfer‹ oder ›ein Stein‹. Damit legen die Stoiker allerdings keineswegs nahe, der Kosmos und alle einzelnen Dinge in ihm seien bloß sprachliche Konstrukte. Im Gegenteil: Der Kosmos und alle Einzeldinge sind Körper und somit existent. Der springende Punkt ist: Alle diese Dinge sind Mischungen. *In* ihnen findet Kausalität statt. Die Wirkung dieser kausalen Interaktion besteht in den verschiedenen Bezeichnungen, die den einzelnen Mischungen zukommen. Das aktive Prinzip macht auf diese Weise alle Teile des Kosmos zu aktiven Körpern und somit zu Mit-Ursachen.

Die stoische Analyse von Kausalität mag uns heute befremdlich vorkommen. Doch tatsächlich liegt in ihr auch eine Stärke: Die modernen Theorien zu Kausalität haben große Schwierigkeiten, die Kausalität menschlichen Handelns mit anderen kausalen Phänomenen in Einklang zu bringen. ›Mentale Verursachung‹ erscheint mysteriös und gegenüber dem Rest der Ursachen fremd. Für die Stoiker stellt sich dieses Problem nicht. Unser Denken und Handeln ist entsprechend ihrer Theorie körperlich und somit selbstverständlich Teil der physikalischen Wirklichkeit. In dieser Hinsicht kann der stoische Kausalitätsbegriff für uns heute besonders intuitiv schlüssig und plausibel erscheinen.

Auf diesen Aspekt des stoischen Kausalitätsbegriffs geht Katja Vogt ein.[36] Sie greift Fredes Gedanken auf, dass es den

Stoikern in der Kausalitätstheorie um so etwas wie Verantwortung geht und damit um ein Phänomen, das unmittelbar mit Handlungen zusammenhängt. Den Stoikern zufolge sind menschliche Akteure Teile des Kosmos. Aus stoischer Sicht sind Akteure somit auf dieselbe Weise Ursachen wie andere körperliche Dinge. Sie brechen nicht ›von außen‹ geschlossene Kausalitätsketten auf, sondern sind, wie alle anderen Teile des Kosmos, Mit-Ursachen des Ganzen.

Unkörperliche Entitäten: Leere, Ort, Zeit, Sagbares

Die Stoiker sind ›Korporalisten‹; ihrer Ansicht nach existiert nur Körperliches. Doch daneben umfasse die Realität vier unkörperliche Dinge, nämlich erstens Zeit, zweitens Ort, drittens Leere und viertens Sagbares (*lekton*), d. h. den semantischen Gehalt von Äußerungen. Streng genommen existieren diese Dinge zwar nicht, weil sie nicht körperlich sind. Sie sind aber dennoch ›etwas‹. Die Stoiker sprechen davon, dass sie ›subsistieren‹ (*hyphistanai*).

Aufgrund der Tatsache, dass die Stoiker neben dem Körperlichen einen zweiten Realitätsbereich annehmen, heißt es in den Kommentaren zur stoischen Physik bisweilen, dass das höchste ›ontologische‹ Genus der Stoiker nicht ›Existenz‹ sei, sondern ›etwas‹ (*ti*). Dieses oberste Genus umfasse zwei große Bereiche, das Körperliche/Existierende und das Unkörperliche/Subsistierende. Dies darf allerdings nicht so verstanden werden, als handle es sich beim Körperlichen und Unkörperlichen um gleichwertige Bereiche der Wirklichkeit. Das Unkörperliche besitzt innerhalb der stoischen Physik einen sekundären Status.[37]

Der Bereich des Unkörperlichen ist Gegenstand vieler Kontroversen: Zunächst kann man fragen, warum die Stoiker mit Blick auf diese Dinge nicht eine ähnliche Strategie verfolgten wie bei der Seele, der Tugend und der Vernunft und sie kurzerhand zu Körpern erklären. Weiter ist unklar, welchen Status Dinge haben, die nicht körperlich und somit nicht existent sind. Und schließlich wird diskutiert, ob die Liste vollständig und kohärent ist. Vor allem das *lekton* scheint aus der Reihe zu fallen und eher zur Sprachphilosophie oder Logik als zur Physik zu gehören.

Nach einer gängigen Deutung führen die Stoiker die vier Entitäten ein, weil sie den körperlichen Dingen ermöglichen, sich zu verändern und aufeinander einzuwirken. Dies ist besonders offensichtlich am Beispiel des Leeren. Nach stoischer Auffassung ist der Kosmos begrenzt, dehnt sich aber periodisch aus.[38] Dafür ist nötig, dass sich außerhalb des Kosmos leerer Raum befindet. Dieser ist selbst nicht körperlich. Er tritt daher mit dem Kosmos nicht in Wechselwirkung, sobald dieser sich ausdehnt. Der Kosmos kann nicht auf das Leere einwirken, weil dieses nur dort besteht, wo der Kosmos noch nicht ist. Ähnliches gilt für Ort und Zeit: Körper existieren stets an einem Ort und in der Zeit, doch es gibt keine kausale Interaktion zwischen Körpern und ihrer Raumzeitstelle.[39]

Auch das vierte Unkörperliche, das *lekton*, hat mit der Existenz und Interaktion körperlicher Dinge zu tun. Betrachten wir zunächst, wie die Stoiker es definieren. Sie unterscheiden sprachphilosophisch zwischen drei Instanzen: Erstens dem Ausdruck, der etwas bezeichnet (*sêmainon*), zweitens dem Bezeichneten (*sêmainomenon*) und drittens dem Gegenstand in der Welt. Neben dem Ausdruck, den man schreibt oder äußert (z. B. ›Hund‹), und dem Gegenstand in der Welt (dem Hund) gibt es ihrer Meinung nach also ein Drittes, das ›Bezeichnete‹, nämlich das, was wir verstehen, wenn wir das Wort ›Hund‹ hören oder lesen (Sext. Emp. *M* 8.11–12 = LS 33 B).

Nicht nur vollständige Sätze haben ein solches *lekton*, sondern alle verständlichen sprachlichen Äußerungen. Während die sprachliche Äußerung (z. B. das gesprochene oder geschriebene Wort ›Hund‹) als auch der Gegenstand in der Welt (der Hund) körperlich sind, ist das *lekton* (der semantische Gehalt des Wortes ›Hund‹) unkörperlich. Diese Unterscheidung ist zunächst für die Sprachphilosophie relevant und bildet zudem die Grundlage für die stoische Logik, die nicht Äußerungen untersucht, sondern deren Gehalt.

Das *lekton* ist aber nicht nur sprachphilosophisch von Interesse, sondern ein zentraler Aspekt der stoischen Definition von Ursache. Michael Frede ist der Ansicht, dass es dort überhaupt eingeführt wird.[40] Wie im vorigen Abschnitt ausgeführt, verstehen die Stoiker Kausalität als Interaktion zwischen zwei Körpern, deren Wirkung ein *lekton* ist: Wenn ein Skalpell in Fleisch schneidet, erwirkt es das Prädikat ›geschnitten‹ (Sext. Emp. *M* 9.211 = LS 55 B). Wenn das aktive Prinzip sich mit Materie vermischt, erwirkt es, dass man von ›Tieren‹, ›Menschen‹, ›Tischen‹ usw. sprechen kann. Da die Wirkungen von Ursachen unkörperlich sind, besitzen sie selbst keine kausale Kraft.[41]

Die Tatsache, dass *lekta* als unkörperliche Dinge keine kausale Kraft besitzen, ist ein viel diskutierter Aspekt der stoischen Theorie. Ist es nicht offensichtlich, dass der Gehalt von sprachlichen Äußerungen auf die körperliche Welt einwirkt? Hat nicht der semantische Gehalt eines philosophischen Arguments eine Wirkung auf meine Seele, insofern ich neue Einsichten gewinne? Und hat nicht der semantische Gehalt des Zurufs ›Vorsicht, der Baum fällt um!‹ eine kausale Wirkung auf mich? Ich versuche sofort, mich in Sicherheit zu bringen – und zwar nicht etwa deswegen, weil die stimmlichen Laute auf mich eingewirkt hätten, sondern weil der Gehalt des Zurufs etwas in mir bewirkt hat.[42]

Doch eine Wechselwirkung zwischen dem *lekton* und meiner Seele (einem Körper) ist nach stoischer Ansicht nicht möglich (vgl. Sex. Emp. *M* 8.406–409 = teilw. LS 27 E). Die Ansicht der Stoiker zu dieser Frage mag zunächst befremdlich wirken. Sie steht allerdings in Einklang mit ihrem zentralen Grundsatz, dass unsere Handlungen und Überzeugungen nicht durch äußere Einwirkungen determiniert werden, sondern von unserer Zustimmung abhängen. Ein Zuruf kann zwar kausal auf mich einwirken, jedoch nicht dergestalt, dass er mein Handeln unmittelbar bewirkt. Die entscheidende Voraussetzung dafür, dass ich beiseitespringe, liegt vielmehr darin, dass ich der Vorstellung zustimme, dass eine bestimmte Handlung (z. B. zur Seite zu springen) angemessen ist. Diese Vorstellung wird zwar durch eine äußere Ursache in mir erzeugt, nämlich durch den Zuruf. Doch ob ich dieser Vorstellung zustimme, liegt an meiner inneren Konstitution. Meine Zustimmung wird nicht durch externe Ursachen erzwungen. Im Abschnitt »Fatum, Determinismus, Freiheit« werde ich auf die Frage zurückkommen, wie unsere Handlungen sich zu äußeren Ursachen verhalten (s. S. 128–133).

Die stoischen ›Kategorien‹

Die Physik der Stoiker enthält eine sogenannte Kategorienlehre, in der sie die verschiedenen Weisen näher bestimmen, in denen ein Körper konstituiert und qualifiziert wird. Dass die Stoiker selbst von Kategorien gesprochen haben, ist nicht ausgeschlossen,[43] möglicherweise sprachen sie jedoch eher von Gattungen.[44] Bedauerlicherweise sind die wichtigsten Quellen dieses Theoriestücks bei Plotin und Simplikios zu finden, zwei Neuplatonikern also, die der stoischen Position äußerst kritisch gegenüberstehen.

Die Stoiker sprechen von vier Kategorien, die jeder einzelne Körper aufweist:

1. ein materielles Substrat,
2. eine spezifische und unverwechselbare Qualität,
3. veränderliche Merkmale und
4. eine äußere Relation zu anderen Dingen, die er nicht selbst beeinflusst.

Das Substrat entspricht dem passiven Prinzip, ist aber nicht identisch mit ihm. Die Stoiker scheinen zwischen der generischen ersten Materie, die dem Kosmos als Ganzem zugrunde liegt, und der spezifischen Materie der einzelnen Dinge unterschieden zu haben (Diog. Laert. 7.150 = LS 50 B). Das Material eines Einzeldings ist ein bestimmter, bereits qualifizierter Anteil des passiven Prinzips.

Die zweite Kategorie ist die individuelle Qualität (*idia poiotês*) eines Dinges. Sokrates ist ein unverwechselbares Individuum, der seine Eigenschaft, Sokrates zu sein, mit keinem anderen Individuum teilt. Man kann von Sokrates zwar sagen, er sei ein Mensch, und ihm damit eine allgemeine Eigenschaft zusprechen. Dies ist den Stoikern zufolge allerdings nur eine begriffliche Abstraktion. Körperlich feststellbar und somit existent ist hingegen nur seine individuelle Qualität.

Die dritte Kategorie umfasst wechselnde Qualitäten oder vorübergehende Verfassungen eines Gegenstandes (*pôs echon*, ›wie es sich verhält‹). Sokrates kann beispielsweise schlafen, erröten, dick oder dünn werden, liegen und stehen. Entscheidend ist für die Stoiker, dass ein Körper diese Qualitäten an sich selbst aufweist, und nicht erst in Relation zu etwas Äußerem. Dieser Aspekt war für die Diskussion zu der Frage relevant, ob Einzeltugenden wie Tapferkeit oder Gerechtigkeit für sich genommen unterschiedliche Qualitäten sind, oder ob die Tugend insgesamt eine einzige Qualität ist, die sich nur in verschiedenen Situationen unterschiedlich zeigt (Diog. Laert. 7.161 = LS 31 N). Chrysipp vertrat gegen Ariston die Auffassung, dass Tugenden zu den Qualitäten gehören, die sich an sich unterscheiden, nicht erst in Relation zu etwas Äußerem.

Die vierte Kategorie ist die Relation eines Körpers zu seiner Umgebung. Dabei geht es um diejenigen Relationen, die sich verändern können, ohne dass die Konstitution des Körpers sich ändert. Die Veränderung rührt allein daher, dass die äußeren Umstände sich geändert haben. Beispielsweise kann ich zuerst rechts, dann links von meiner Tante sitzen, ohne selbst einen Schritt zu tun (meine Tante hat ihren Platz gewechselt). Manche derartige Relationen können sich sogar ändern, ohne dass ich davon etwas weiß. Ich werde in dem Augenblick zur Tante, in dem eines meiner

Geschwister ein Kind bekommt, auch wenn ich noch keine Nachricht von der Geburt erhalten habe.

Das Wachstumsargument

Das sogenannte Wachstumsargument (*auxanomenos logos*) wurde von den akademischen Skeptikern gegen die Stoiker angeführt, um nachzuweisen, dass diese kein konsistentes Kriterium für diachrone Identität formulieren können.[45] Theorien zur diachronen Identität müssen darlegen, warum wir meinen, dass ein Einzelding über die Zeit dasselbe bleibt, obwohl es in diesem Zeitraum vielfachen Veränderungen unterliegt. Die stoische Physik steht bei dieser Frage scheinbar vor einem besonderen Problem: Vorausgesetzt, dass ein Lebewesen ein Körper ist, Körper sich aber permanent verändern: Wie kann es über die Zeit dann mit sich identisch bleiben?

Das Wachstumsargument findet sich in einer humorvollen Version bereits beim Komödiendichter Epicharmos (5. Jh. v. Chr.). Die Komödie ist verloren, die entsprechende Szene wurde aber von späteren Autoren festgehalten. Es geht um ein Szenario, bei dem ein Schuldner seinem Gläubiger begegnet. Der Schuldner meint, er stehe nicht mehr in Zahlungspflicht, und begründet dies mit folgendem Argument: Wenn man bei einer Zahl etwas hinzuzählt oder abzieht, dann hat man es nicht mehr mit derselben Zahl zu tun. Dasselbe gelte für Menschen. Jemand, der zugenommen, abgenommen oder sich auf sonstige Weise verändert habe, sei nicht mehr derselbe Mensch. Auch er, der Schuldner, sei nicht mehr derselbe wie am Vortag. Daher gebe es keine Grundlage dafür, Ansprüche an ihn zu stellen. Der Gläubiger ist über diese Dreistigkeit so verärgert, dass er dem Schuldner einen Schlag verpasst. Anschließend verweist er seinerseits darauf, dass er nicht mehr derselbe sei wie vor einigen Augenblicken und daher für den Schlag nicht verantwortlich gemacht werden könne.

Auf diesen Gedanken baut das Argument der Skeptiker auf: Da die Körper von Lebewesen ständig wachsen oder schrumpfen, Nahrung aufnehmen und ausscheiden, altern, verletzt sind und wieder heilen, sind sie in einem ständigen Wandel begriffen. Aus diesem Grund ist unklar, auf welcher Basis man einem Lebewesen kontinuierlich dieselbe Identität zuschreiben kann. Wir sollten uns also bei der Frage, ob ein Lebewesen zu zwei Zeitpunkten dasselbe ist, des Urteils enthalten.[46] Besonders problematisch sei das Phänomen des Wachstums: Wenn ein Lebewesen mit einer bestimmten Quantität von Materie identisch ist, wechselt seine Identität mit jeder quantitativen Veränderung.

Im Streit zwischen Akademikern und Skeptikern spielt ein Gedankenexperiment eine wichtige Rolle, das von Dion und Theon handelt. Dion ist ein anatomisch intaktes Individuum. Theon ist identisch mit Dion, nur ihm fehlt einer der beiden Füße. Streng genommen ist Theon also ein Teil von Dion. Allerdings kann man sie als zwei verschiedene Individuen verstehen, insofern Theon nur einen Fuß hat, und er daher nicht exakt dieselbe Raumzeitstelle einnimmt wie Dion. Nun wird Dion ein Fuß amputiert. Dabei handelt es sich um genau denjenigen Fuß, der Theon fehlt. Diese Amputation können nicht beide Individuen überleben, weil sie danach nicht mehr voneinander unterschieden werden können. Wer von beiden überlebt sie also?

Der Akademiker Philon vertritt die Auffassung, dass Theon den Prozess übersteht, weil er von vornherein als derjenige identifiziert wurde, dem ein Fuß fehlt. Da Dion dagegen als derjenige identifiziert wurde, der zwei Füße hat, übersteht er den Prozess nicht. So gewendet, scheint das Gedankenexperiment zunächst auf die Lösung der Akademiker zuzulaufen.[47]

Chrysipp weist die Argumentation der Akademiker jedoch zurück und behauptet, dass Dion die Veränderung übersteht. Nur ihm könne der Fuß überhaupt amputiert werden. Dion ist somit derjenige, der fortbesteht, *weil* er einer Veränderung unterliegt.[48] Die Stoiker heben damit hervor, dass die Rede von Wachstum oder ähnlichen quantitativen Veränderungen nur unter der Voraussetzung möglich ist, dass man die diachrone Identität des Körpers akzeptiert. Dies wird laut ihrer Kategorienlehre durch die spezifische Qualität eines Körpers garantiert.[49] Behauptet man stattdessen, dass jeder Zuwachs von Materie ein neues Individuum hervorbringt, muss man die Rede von ›Wachstum‹ aufgeben.

Nominalismus

Platon vertritt in einigen Dialogen, besonders im *Symposion*, im *Phaidon* und in der *Politeia*, eine dualistische Ontologie. Das bedeutet, dass er die Einzeldinge unserer Erfahrungswelt, die wir sinnlich wahrnehmen, unter Rückgriff auf einen zweiten Seinsbereich analysiert, den Bereich der Ideen (vgl. Platon, *Phd.* 79a 6–11). Sokrates hat beispielsweise die Eigenschaften, ein Mensch und tapfer zu sein, weil er an der Idee des Menschen und an der Idee der Tapferkeit teilhat. Platon kann mit seiner dualistischen Ontologie vor allem das ›one over many-Problem‹ lösen, d. h. die Tatsache, dass verschiedene Dinge dieselben Eigenschaften haben. Die Tatsache, dass Platon und Sokrates beide Menschen sind, ist Platon zufolge damit zu erklären, dass sie an derselben Idee teilhaben.

Mit Platons Unterscheidung ist eine wichtige ontologische Einteilung verbunden, nämlich die zwischen Partikularien (Einzeldingen) und Universalien (Allgemeinbegriffen). Während Platon und Sokrates partikular sind (sie kommen an einem Ort zu einer Zeit vor), sind die Ideen allgemein: Mehrere Dinge an unterschiedlichen Orten können zur gleichen Zeit an ihnen teilhaben. Platons Position wird gemeinhin als ›Universalienrealismus‹ bezeichnet, weil sich seiner Meinung nach allgemeine Begriffe wie ›Mensch‹ auf etwas real Existierendes beziehen, nämlich auf eine Idee.

Die Stoiker weisen den Universalienrealismus zurück und werden daher häufig als die ersten Nominalisten der Philosophiegeschichte bezeichnet. Nominalisten vertreten gegen die Universalienrealisten die Position, dass das Allgemeine nur auf der Ebene der Sprache existiert. Zwar können wir verschiedenen Einzeldingen (Sokrates, Platon, Axiotheia) dieselben Bezeichnungen (Mensch, Lebewesen) geben. Diese Bezeichnungen sind somit allgemein. Doch es handelt sich um begriffliche Abstraktionen, die keine körperliche Existenz besitzen. Körperliche Existenz haben den Stoikern zufolge nur partikulare Dinge (Syrianus, *In Met.* 104,21 = LS 30 G). Die Frage, ob die Stoiker sich damit tatsächlich als Nominalisten qualifizieren, ist allerdings nicht eindeutig zu beantworten.[50]

Um die Absurdität der Ideenlehre zu verdeutlichen, entwerfen die Stoiker das sogenannte ›Niemand-Argument‹ (Simpl., *Cat.* 105,8–16 = LS 30 E). Die paradoxe Struktur des Arguments beruht im Wesentlichen auf den griechischen Ausdrücken für ›jemand‹ (*tis*) und ›niemand‹ (*outis*). Im Deutschen lässt es sich nachbilden, wenn man stattdessen von ›einer‹ und ›keiner‹ spricht.

Wenn einer in Athen ist, ist er nicht in Megara.
Nun ist einer in Athen.
Also ist keiner in Megara.

Um der offenbar falschen Schlussfolgerung zu entgehen, müssen die Platoniker bestreiten, dass sich allgemeine Ausdrücke wie ›einer‹ oder ›Mensch‹ auf eine bestimmte Entität beziehen. Damit würden sie jedoch den wesentlichen Kern ihrer Ideenlehre aufgeben.[51] Diese besagt ja gerade, dass allgemeine Ausdrücke wie ›Mensch‹ auf eine bestimmte Entität verweisen, nämlich auf die entsprechende Idee.

In einer Quelle heißt es, die Stoiker bezeichnen die platonischen Ideen als ›Nicht-Etwasse‹ (Simpl. *Cat.* 105,9–11 = LS 30 E). Damit soll zum Ausdruck kommen, dass die platonischen Ideen in keiner Weise real sind – weder als körperliche Entitäten noch als Unkörperliches. Strittig ist jedoch, ob es den Stoikern bei dieser Formulierung darum geht, platonische Ideen einem eigenen Bereich der Ontologie zuzuordnen, den Nicht-Etwassen, dem neben den Ideen etwa fiktionale Gegenstände angehören, oder ob sie nur nachweisen möchten, dass die Platoniker die Natur des Allgemeinen vollkommen missverstehen.[52]

Theologie

Im Hintergrund der stoischen Theologie steht Platons *Timaios*.[53] Platon beschreibt dort, wie der Kosmos von einem wohlwollenden und vernünftigen Gott gestaltet wird. In einer mythologischen Erzählung vergleicht Platon diesen Gott mit einem Handwerker: Wie der Handwerker ein Artefakt aus einem bestimmten Material herstellt, indem er ihm eine Form und eine geordnete Struktur verleiht, stellt der Gott den Kosmos aus der Materie her. Die Materie setzt dem Unterfangen allerdings Grenzen. Sie weist eine gewisse Eigengesetzlichkeit auf und widerstrebt daher einer perfekten, ganz und gar vernünftigen Gestaltung. Dies wird auch daran deutlich, dass der Kosmos nicht vollständig erkannt und verstanden werden kann. Platon betont, dass man sich ihm nur durch eine Erzählung annähern könne (er nennt diese Erzählung mit einem berühmten und viel diskutierten Ausdruck eine ›vergleichende Rede‹, *eikôs logos*).[54]

Auch die Stoiker nehmen an, dass der Kosmos von einer göttlichen Vernunft gestaltet und geordnet wird. Dabei gehen sie jedoch über Platon hinaus. Im Gegensatz zu Platons Gott, der als äußere Kraft auf die Materie einwirkt, durchmischt sich der stoische Gott (also die göttliche Vernunft) ganz und gar mit ihr. Die Materie widersetzt sich der Einwirkung der göttlichen Vernunft nicht: Sie ist rein passiv und hat keine eigene Ursächlichkeit. Die einzige Ursache ist das aktive Prinzip, nämlich die göttliche Vernunft (s. S. 110 f.). Aus diesem Grund ist der Kosmos durch und durch erkennbar. Er enthält keine Anteile, die sich der Vernunft entziehen. Man muss sich ihm auch nicht über Umwege nähern wie über mythologische Erzählungen. Dieser Aspekt ist für die stoische Ethik von zentraler Bedeutung. Wenn das gute Leben von Wissen abhängt, dann muss Wissen über die Welt möglich sein. Würde der Mensch in einer unberechenbaren Welt leben, könnte Wissen nicht garantieren, dass man richtig handelt.

Die Stoiker machen zahlreiche Argumente für ihre Weltsicht geltend. Wenn wir einen kunstvoll gestalteten Gegenstand sehen, beispielsweise einen Kontrabass, schließen wir, dass er nach einem vernünftigen Plan gestaltet wurde. In gleicher Weise können wir aus der optimalen Organisation und Zweckmäßigkeit schließen, dass sie vernünftig sei (Cicero, *De nat. deorum* 2.87):

> »Wenn daher das, was von Natur ist, besser ist als die vollendeten Werke der Kunst, und wenn die Kunst nichts ohne Vernunft hervorbringt, dann darf auch der Natur die Vernunft nicht abgesprochen werden.«

Damit richten sich die Stoiker besonders gegen die Epikureer. Diese sind im Unterschied zu den Stoikern der Ansicht, alles entstehe durch die zufällige Zusammenfügung von Atomen im leeren Raum. Sie bestreiten weiterhin, dass der Kosmos einer optimalen Ordnung folgt und weisen im Gegenteil auf die ungünstigen Bedingungen hin, unter denen die Menschen leben müssten: Ein Großteil der Erdoberfläche ist unbewohnbar, die Natur stellt eine stetige Bedrohung für Leib und Leben dar, Menschen haben kaum natürliche Waffen, um sich gegen ihre Widersacher zu behaupten, und menschliche Babys sind über einen langen Zeitraum weitaus hilfloser als die Nachkommen der Tiere.

Die Stoiker entgegnen, dass die Erkenntnis der optimalen Einrichtung unserer Welt ein tiefes Naturverständnis voraussetzt. Versteht man die größeren Zusammenhänge, erweisen sich Dinge, die scheinbar nachteilig sind, stets als sinnvoll. Beispielsweise ist der Mensch aufgrund seiner dünnen Schädelknochen verletzlich. Dickere Schädelknochen sind jedoch unvereinbar mit der Entwicklung der Rationalität (Gell. *NA* 7.1.1–13 = LS 54 Q). Auch die Meinung, viele gute Menschen müssten Schlimmes erleiden, beruht aus ihrer Sicht auf einem Irrtum. Wer versteht, dass neben Tugend und Schlechtigkeit alle Dinge indifferent sind, begreift auch, dass nicht einmal der Tod des eigenen Kindes ein Übel ist (dazu mehr im Kapitel zur stoischen Ethik).

Fatum, Determinismus, Freiheit

Nach Ansicht der Stoiker durchzieht das *pneuma* Gottes die gesamte Welt. Wenn jedoch alles von der vernünftigen Ordnung des Universums festgelegt und bestimmt ist: Inwiefern sind unsere Handlungen dann frei? Die Stoiker entwerfen hier eine Position, die häufig dem Kompatibilismus zugeordnet wird.[55] Einerseits sind sie Deterministen, insofern sie denken, dass alle Dinge kausal miteinander verbunden sind: Auch das, was scheinbar ohne Ursache geschieht, hat demnach eine Ursache, die wir nur nicht bemerkt haben (Aëtios 1.29.7). Das Fatum ist daher unentrinnbar (Aëtios 1.28.4 = LS 55 J). Andererseits hat ihrer Ansicht zufolge jeder Mensch Verantwortung für seine Handlungen. Dies setzt die Möglichkeit freien Handelns voraus. Bereits Cicero unterscheidet die Stoiker von denjenigen Philosophenschulen, die meinten, dass »das Fatum die Gewalt einer Notwendigkeit mit sich bringe« und daher alles bestimmt (Cicero, *De fato* 39 = LS 62 C).

Doch in welchem Sinn lässt sich überhaupt sagen, dass die Stoiker Deterministen sind? Oben wurde deutlich, dass sich der stoische Begriff der Kausalität signifikant von unserem unterscheidet. Zwar sprechen die Stoiker durchaus von einem ›Fatum‹ und charakterisieren dieses als eine ›Verkettung‹ von Ursachen (Cicero, *Div.* 1.125 = LS 55 L). Damit ist jedoch keine Aneinanderreihung zeitlicher Ereignisse gemeint. Vielmehr haben die Stoiker die dichte kausale Vernetzung aller Dinge im Sinn. Wir haben bereits gesehen, dass die göttliche Vernunft als *pneuma* alle Einzeldinge des Kosmos und den Kosmos selbst konstituiert. Das *pneuma* durchzieht dabei nicht nur alle Einzeldinge, sondern auch den Kosmos als Ganzen. Weil die Einheit und Organisation im Fall des Kosmos besonders groß sind, ist der Kosmos ein Lebewesen (Diog. Laert. 7.138–9 = LS 47 O; Plutarch, *Stoic. Rep.* 43, 1035f–1045b = LS 47 M). Das hohe Maß an Geschlossenheit und Vernetzung im Kosmos zeigt sich nach Ansicht der Stoiker daran, dass man Wechselwirkungen zwischen vielen Dingen beobachten kann, obwohl sie weit entfernt voneinander sind. Beispielsweise beeinflusst der Mond die Gezeiten (Cicero, *Div.* 2.34); auch habe die Erde Rückwirkungen auf die Gestirne (Cicero, *De nat. deorum* 2.118). Diese enge kausale Verbindung aller Dinge miteinander heißt in der stoischen Terminologie *sympatheia*.[56]

Die kausale Relation zwischen allen Dingen hat auch eine zeitliche Dimension: Sie erstreckt sich »nahtlos von der Vergangenheit über die Gegenwart in die Zukunft«[57]. Insbesondere vertraten die Stoiker die Ansicht, dass alles eine

›vorausgehende‹ Ursache habe. Das Fatum wird also als ganzes System ›vorausgehender Ursachen‹ definiert (Cicero, *De fato* 41 = LS 62 C; Plutarch, *Stoic. Rep.* 1056b–c = LS 55 R).[58]

Dieser Aspekt der stoischen Theorie wurde in der Antike als problematisch empfunden. Wenn alle unsere Handlungen vorausgehende Ursachen haben: Inwiefern können wir dann überhaupt selbstbestimmt handeln? Mehr noch: Müssen wir dann überhaupt handeln, oder können wir uns darauf verlassen, dass das Fatum ohnehin festlegt, welchen Verlauf die Dinge nehmen? So lautet der Kern der sogenannten ›Faulheitsregel‹ (*argos logos*), mit der die Stoiker in der Antike konfrontiert wurden:[59] Wenn das Schicksal bestimmt, dass jemand von seiner Krankheit genesen wird, dann wird dies eintreffen, unabhängig davon, ob er einen Arzt konsultiert oder nicht (Cicero, *De fato* 28–30 = LS 70 G). Wir können uns also faul dem Lauf der Dinge fügen und müssen nicht selbst tätig werden.

Dieser Einwand beruht jedoch auf einem Missverständnis der stoischen Theorie, wie sich gleich zeigen wird. Die Stoiker verstehen die kausale Interaktion von Einzelkörpern als Zusammenspiel mehrerer Ursachen und unterscheiden dabei zwischen einer vorausgehenden (auch: helfenden) Ursache und einer hauptsächlichen (auch: vollendeten) Ursache (Plutarch, *Stoic. rep.* 47, 1056b–c = LS 55 R). Die Unterscheidung wird in einem Text bei Cicero anhand eines berühmten Beispiels erläutert: Eine Walze wird angestoßen und rollt. Die vorausgehende Ursache ist ein Körper, der von außen auf sie einwirkt. Ohne diese Ursache würde sie nicht ins Rollen geraten. Doch die hauptsächliche Ursache für ihr Rollen liegt in ihrer eigenen Beschaffenheit, nämlich in ihrer runden Form. Wenn wir an das Beispiel mit dem Blitz zurückdenken: Vorausgehende Ursache für das Brennen des Baumes ist die Einwirkung durch den Blitz; doch die hauptsächliche Ursache ist die Beschaffenheit des Baumes, nämlich, dass er aus brennbarem Holz besteht.

Ebenso verhält es sich mit unseren Handlungen: Die vorausgehenden Ursachen unserer Handlungen sind Körper, die von außen auf uns einwirken. Die hauptsächliche Ursache liegt jedoch in unserer eigenen, inneren Verfassung. Diese innere Verfassung ist die maßgebliche Ursache dafür, dass wir auf den äußeren Körper in bestimmter Weise reagieren. Von ihr hängt ab, welche Überzeugung wir bilden und welche Handlungen wir wählen:

> »Denn obwohl eine Zustimmung überhaupt nicht erfolgen kann, es sei denn, sie wäre durch eine Vorstellung veranlasst worden, gilt für sie, da sie diese Vorstellung zur Neben- und nicht zur Hauptursache hat, nach dem Willen Chrysipps trotzdem die soeben dargestellte Betrachtungsweise. Zumindest was die Zustimmung betrifft, will er nicht, dass sie zustande kommen könnte, ohne von einer äußeren Kraft angestoßen zu sein (die Zustimmung muss nämlich notwendigerweise durch eine Vorstellung veranlasst werden).« (Cicero, *De fato* 42 = LS 62 C (8).)

In diesem Zusammenhang kommt Chrysipp auf das Beispiel von Walze und Kreisel zurück. Er erklärt, dass die Walze zwar nur durch äußere Einwirkung in Bewegung kommt; einmal angestoßen, dreht sich die Walze jedoch aufgrund ihrer runden Beschaffenheit, die ihr die Fähigkeit zur Drehung verleiht:

> »Wie also«, sagt er, »derjenige, der die Walze angestoßen hat, ihr zwar den Beginn der Bewegung, aber nicht die Fähigkeit zur Drehung vermittelt hat, so wird der vorgestellte Gegenstand der Seele zwar die entsprechende Vorstellung einprägen und ihr seine Gestalt gleichsam einzeichnen; aber die Zustimmung dazu wird in unserer Macht liegen. Nachdem sie, wie das an der Walze erläutert worden ist, den Impuls von außen empfangen hat, wird sie sich von da an mit eigener Kraft und aus ihrer eigenen Natur heraus bewegen.« (Cicero, *De fato* 43 = LS 62 C (9).)

Die Annahme, die vollständige kausale Vernetzung der Dinge führe dazu, dass unsere Handlungen durch die äußeren Ursachen vollkommen determiniert sind, liegt somit daran, dass die stoische Ursachenlehre missverstanden wird.

Schauen wir uns dazu eine bestimmte Handlung genauer an. Nehmen wir an, dass Hilde von einem Berggipfel absteigt und dabei entdeckt, dass am Horizont eine Gewitterwolke aufzieht. Sofort beschleunigt sie ihren Schritt, um noch vor dem ersten Blitz die nächste Berghütte zu erreichen. Ist die Gewitterwolke also eine Ursache dafür, dass sie schneller geht? Den Stoikern zufolge muss dies bejaht werden: Die Wolke ist ein Körper, der auf Hilde einwirkt. Doch die Wolke ist nur die vorausgehende, helfende Ursache. Die hauptsächliche Ursache liegt in Hilde: Sie muss den Vorstellungen zustimmen, dass ein Gewitter aufzieht, dass Vorsicht geboten ist und dass es daher angemessen ist, sich mit dem Abstieg zu beeilen. Ob und wie Hilde diese Überzeugungen bildet, entscheidet nicht die Wolke. Die Entscheidung hängt vielmehr von Hilde ab, oder genauer gesagt: von der Beschaffenheit ihrer Seele.[60]

Inwiefern ist vor dem Hintergrund dieser Theorie also persönliche Verantwortung und Freiheit möglich? Sicherlich besteht unsere Freiheit nicht darin, dass wir uns in jeder Situation auch hätten anders verhalten können. Unter der Voraussetzung, dass sowohl mein Charakter als auch die äußere Ursache dieselbe ist, werde ich stets unweigerlich dieselbe Handlung ausführen.[61] Allerdings sind wir für unseren Charakter verantwortlich und angehalten, ihn stets zu verbessern.[62]

Ethik

Im Zentrum der stoischen Ethik stehen Überlegungen zur Tugend (*aretê*) und zum glücklichen Leben (*eudaimonia*). Darin folgen die Stoiker den meisten antiken Ansätzen zur Ethik, die aufgrund dieser Ausrichtung häufig ›eudaimonistische Tugendethiken‹ genannt werden. Dies bedeutet zum einen, dass Ausgangspunkt aller Überlegungen das glückliche Leben ist, zum anderen, dass die Tugend als dessen wichtigste Voraussetzung gilt. Uneinigkeit herrschte in der Antike allerdings darüber, was unter dem glücklichen Leben und der Tugend jeweils zu verstehen ist. Umstritten war außerdem, welches Verhältnis zwischen glücklichem Leben und Tugend besteht. Die Stoiker entwickelten innerhalb dieser Debatte provokante Standpunkte, die den Alltagsüberzeugungen entschieden widersprechen. Bereits in der Antike wurden viele Aspekte ihrer Ethik daher äußerst kritisch betrachtet.

Ein zentraler Grundsatz der stoischen Ethik lautet, dass die Tugend nicht nur die wichtigste, sondern die einzige Voraussetzung für das glückliche Leben darstellt. Gesundheit oder Krankheit, Reichtum oder Armut, selbst Schicksalsschläge wie der Tod nächststehender Personen seien im Vergleich dazu nicht entscheidend. Dem Tugendhaften gelinge es auch unter den widrigsten Umständen, glücklich zu leben. Mit dieser Überzeugung hängt auch das stoische Ideal der Affektfreiheit (*apatheia*) zusammen. Der Tugendhafte empfinde gegenüber Dingen, die für das glückliche Leben unbedeutend sind, keine Emotionen. Er sehne sich nicht nach Reichtum, sorge sich nicht wegen einer Krankheit und fürchte nicht den Verlust seiner Liebsten. Nicht einmal den Tod des eigenen Kindes betrauere er.

Bereits in der Antike waren viele Autoren der Auffassung, dass dieses Ideal unhaltbar ist und die emotionale Bindung zu anderen abwertet. Auf Kritik stieß weiterhin die außerordentliche Strenge des stoischen Ansatzes, vor allem die Betonung, dass es nur den wenigsten Menschen gelingt, Tugend zu erwerben und glücklich zu leben. Alexander von Aphrodisias, ein Aristoteliker aus dem späten 2. bzw. frühen 3. Jahrhundert n. Chr., bemerkte hierzu, die Stoiker hielten den Menschen wohl für »das unglücklichste aller Lebewesen« (Alex. Aphr., *De fato* 199.13–22 = LS 61 N).

Vor diesem Hintergrund ist es umso beachtlicher, dass der anspruchsvolle Ansatz der Stoiker auf viele eine hohe Anziehungskraft ausübte. Zahlreiche Anhänger praktizierten die stoische Ethik im Alltag. In den Schriften der römischen Stoa erhält man einen Eindruck von den gedanklichen Übungen und Reflexionen, mit denen sie versuchten, ihren Charakter zu schulen und das Leben nach stoischen Prinzipien zu gestalten.[1] Auch heute noch finden Variationen stoischer Lehrmeinungen Zuspruch. In der kognitiven Verhaltenstherapie gilt etwa der Grundsatz, dass unsere Gefühle nicht von äußeren Dingen oder Ereignissen verursacht werden, sondern von unseren Einstellungen zu ihnen. Dieser Ansatz greift die stoische Emotionstheorie im Kern auf.

In den Quellen zur stoischen Ethik wird ihre Theorie in unterschiedliche Themen aufgeteilt wie beispielsweise Impulse, Tugenden, Güter und Werte, Gefühle, angemessene Handlungen und das allgemeine Lebensziel. Weiterhin enthalten die Darstellungen Überlegungen zum Weisen, der die Ideale der stoischen Ethik verkörpert, sowie zur kosmopolitischen Sozialtheorie. Die Themen sind aufs Engste miteinander verwoben. Beispielsweise ist die Emotionstheorie ohne die stoische Güter- und Werttheorie unverständlich. Diese baut wiederum auf das Tugendverständnis der Stoiker auf. Ein enger Zusammenhang besteht zudem zur stoischen Physik und Logik. Das glückliche Leben wird beispielsweise als das Leben im Einklang mit der Natur definiert. Das dafür nötige Naturverständnis vermittelt ein Studium der stoischen Physik. Zudem setzen die Stoiker Tugend mit Wissen gleich. Daher ist es für den Erwerb der Tugend wichtig, den Verstand durch ein Studium der stoischen Logik zu schulen.

Die Ethik der stoischen Gründerväter ist uns über drei Berichte zugänglich, die sich bei Cicero (*De fin.* 3.16–76), Diogenes Laertius (7.84–131) und Stobaios (2.57–116) finden. Der Bericht bei Stobaios geht dabei vermutlich auf Arius Didymus zurück, einen stoischen Philosophen aus dem 1. Jahrhundert n. Chr. Zusätzlich zu diesen Quellen sind für das Verständnis der stoischen Ethik auch die Schriften der jüngeren Stoa relevant. Sie geben einen eindrucksvollen Einblick in die lebensweltliche Anwendung der stoischen Prinzipien.

Die Frage nach dem glücklichen Leben

Antike Theorien zur Ethik unterscheiden sich grundlegend von denen der Moderne, insofern sie sich mit dem glücklichen Leben (*eudaimonia*) befassen. Damit ist jedoch nicht ein Leben voller überschwänglicher Gefühle gemeint, wie es das deutsche Wort ›glücklich‹ nahelegt. Vielmehr geht es in der antiken Ethik darum, zu ermitteln, welche Lebensweise nach objektiven Kriterien für den Menschen die beste ist. Platon zufolge ist die Frage nach dem glücklichen Leben die wichtigste überhaupt:

> »Dasjenige, worüber wir streiten, ist nichts Kleines, sondern fast wohl dasjenige, welches zu wissen das Schönste und nicht zu wissen das Hässlichste ist. Denn die Hauptsache ist doch entweder zu erkennen oder nicht zu erkennen, wer glücklich ist und wer nicht.« (Platon, *Gorg.* 472c6–d1.)

Im Gegensatz dazu wird seit Kant bezweifelt, dass die Frage nach dem glücklichen Leben überhaupt Gegenstand der philosophischen Ethik sein sollte. Zum einen hänge jeder Entwurf zum glücklichen Leben von individuellen Präferenzen ab und könne daher keine Allgemeingültigkeit beanspruchen. Zum anderen stellten eudaimonistische Theorien den persönlichen Vorteil in den Vordergrund und seien somit egoistisch. Die philosophische Ethik solle im Unterschied dazu einen überindividuellen Standpunkt einnehmen.

In der Antike waren derlei Bedenken unbekannt. Die meisten Philosophenschulen wählten die Frage nach dem glücklichen Leben als Ausgangspunkt für ihre ethische Theorie. Die einzige Ausnahme bildeten die Kyrenaiker, eine Gruppe sokratischer Philosophen. Sie hielten die Perspektive aufs Lebensganze nicht für sinnvoll und empfahlen stattdessen, in jedem einzelnen Augenblick für maximalen Lustgewinn zu sorgen.

Die Frage nach dem glücklichen Leben beschäftigte in der Antike nicht nur die Philosophen. Auch in der antiken Dichtung und Geschichtsschreibung finden sich Überlegungen dazu. Innerhalb der Philosophie wurden allerdings Positionen entwickelt, die das Alltagsverständnis in besonderem Maße herausforderten. Vor allem Sokrates' Position wurde als revisionär und radikal empfunden. Er kritisiert seine Zeitgenossen dafür, sich zu viel um Macht und Geld und zu wenig um das philosophische Wissen zu bemühen (Platon, *Apol.* 29d3–e2). Nur dieses Wissen ermöglicht seiner Meinung nach das glückliche Leben, indem es den richtigen Umgang mit allen Dingen und Situationen garantiert (Platon, *Men.* 87e–89a; *Euthyd.* 278d–282a). Sokrates selbst beansprucht nicht, dieses Wissen zu besitzen, widmet aber sein gesamtes Leben der Suche nach ihm.

Die Stoiker stehen in der sokratischen Tradition, insofern auch für sie das glückliche Leben von Wissen abhängt. Wissen ist für die Stoiker dabei mehr als eine Ansammlung von Erkenntnissen. Wie im Kapitel zur stoischen Logik näher erklärt wird, verleiht Wissen den Stoikern zufolge Stabilität und Kohärenz: Derjenige, der es besitzt, ist von allen irrationalen Annahmen und inneren Konflikten geheilt (Cicero, *Tusc.* 4.29–35 = LS 61 O). Zu dem gesuchten Wissen gehört ein tiefes Verständnis der Weltordnung. Es ermögliche, im Einklang mit der Natur zu leben. Wer dieses Wissen besitzt, begreife sich zudem als Teil einer globalen Gemeinschaft und als Bürger des Kosmos. Wissen in diesem anspruchsvollen Sinn wird von den Stoikern mit Tugend gleichgesetzt.

Die *oikeiôsis*-Lehre: Selbsterhaltung und Streben nach Tugend

Viele antike und moderne Darstellungen der stoischen Ethik beginnen mit der sogenannten *oikeiôsis*-Lehre, einem Theoriestück, das nach gängiger Ansicht die Grundlage für zentrale Aspekte der stoischen Ethik bildet, vor allem für die Güter- und Werttheorie, das spezifische Verständnis von Tugend und glücklichem Leben und schließlich die Sozialtheorie samt ihrer kosmopolitischen Prägung.

Dem griechischen Wort *oikeiôsis* entspricht am ehesten der deutsche Begriff der ›Aneignung‹. Im griechischen Wort klingt allerdings eine positive Wertung mit: *oikeiôsis* liegt dann vor, wenn ich etwas als mir zugehörig erkenne und wertschätze.[2] Für die Stoiker ist entscheidend, dass jedes Lebewesen ein solches Besitzverhältnis in erster Linie zu sich selbst hat: Es ist sich selbst »das erste ihm eigene« (*prôton oikeion*, Diog. Laert. 7.85 = LS 57 A). Aus diesem Grund ist sein primärer Impuls darauf gerichtet, sich selbst zu erhalten. Es wehrt ab, was ihm schadet, und wählt, was ihm zuträglich ist. Die meisten Lebewesen begreifen nicht nur sich selbst, sondern auch ihren Nachwuchs und sogar die größere Gruppe, in der sie leben, als sich zugehörig. Daher achten sie nicht nur auf das eigene Wohlergehen, sondern auch auf das ihrer Gemeinschaft. Wir werden später sehen, dass dieser Aspekt der *oikeiôsis*-Lehre die Grundlage zur stoischen Sozialtheorie bildet.

Mit der These, dass der erste Impuls aller Lebewesen der Selbsterhaltung gilt, wenden sich die Stoiker dezidiert gegen die Epikureer. Diese vertreten die Auffassung, man könne am Verhalten noch nicht sozialisierter Babys zeigen, dass der erste Impuls dem Streben nach Lust und dem Vermeiden von Schmerz gilt. Lust erweise sich dadurch als ein natürliches Gut (Cicero, *De fin.* 1.29–30 = LS 21 A). Gegen diese Position spricht den Stoikern zufolge jedoch die Empirie. Die Naturbeobachtung zeige, dass es allen Lebewesen zuerst an ihrer natürlichen Konstitution gelegen sei, nicht an Lust oder Schmerz. Ein Kind übt beispielsweise beharrlich den aufrechten Gang, obwohl es häufig hinfällt und sich weh tut. Und eine Schildkröte, die auf dem Rücken liegt, bemüht sich zappelnd darum, in ihre natürliche Lage zurückzugelangen, obwohl sie in der Rückenlage keinen Schmerz empfindet (Seneca, *Ep.* 121.7–8 = LS 57 B). Den Stoikern zufolge wird aus der Beobachtung der Natur somit deutlich, dass Lustgewinn gegenüber der Selbsterhaltung nachrangig sei.

Die *oikeiôsis*-Lehre ist im Kern eine Theorie der Selbsterhaltung und steht damit in der Nähe der Naturphilosophie. Sie gilt für Pflanzen, Käfer und andere Tiere genauso wie für Kinder und erwachsene Menschen. Doch die Selbsterhaltung nimmt bei verschiedenen Lebewesen unterschiedliche Formen an: Pflanzen erhalten sich durch vegetative Prozesse, Tiere (zusätzlich) durch triebhaftes Verhalten, erwachsene Menschen (zusätzlich) durch die Vernunft (Diog. Laert. 7.85–86, 7.107 = LS 59 C). Die ethische Relevanz der Theorie zeigt sich deutlicher, wenn man die Selbsterhaltung der vernünftigen Lebewesen betrachtet. Bei ihnen geht es nicht nur um das körperliche Überleben. Für vernünftige Wesen bedeutet Selbsterhaltung vielmehr auch, die eigene Vernunft zu bewahren. Dies bedeutet für die Stoiker nichts anderes, als sich um Tugend zu bemühen.

Im nächsten Abschnitt wird es darum gehen, wie der stoische Tugendbegriff genauer zu verstehen ist. Wichtig ist zunächst, dass das Streben nach Tugend für die Stoiker Ausdruck des Selbsterhaltungstriebs ist, der allen Lebewesen gemeinsam ist. Der erwachsene Mensch unterscheidet sich von den anderen Lebewesen nur darin, dass er sich nicht nur um sein körperliches Wohl, sondern auch um seine Vernunft bzw. sein geistiges Wohl bemüht. Das Streben nach Tugend ist für den Menschen somit etwas Natürliches: »Denn die Natur führt uns zur Tugend« (Diog. Laert. 7.87 = LS 63 C).

Die These, dass das Streben nach Tugend sich aus der natürlichen Entwicklung ergibt, ist aus heutiger Sicht irritierend: Erfordert Tugend nicht, dass man natürliche Impulse korrigiert oder sogar bekämpft? Die Tugend-Ethikerin Philippa Foot betont beispielsweise, dass Tugenden *Korrektive* für unsere natürlichen Anlagen sind, nämlich vor allem für Motivationsdefizite und für bestimmte Versuchungen, denen wir aufgrund unserer Begierden und Schwächen immer wieder ausgesetzt sind. Diesem Ansatz zufolge sorgen Tugenden dafür, dass wir *entgegen* unseren natürlichen Neigungen gerecht, besonnen, mutig usw. handeln. Würden wir unserer Natur folgen, wären wir stattdessen ungerecht, gierig, ängstlich usw. Den Stoikern zufolge gehören Gier, Furcht und andere Affekte dagegen nicht zu unseren natürlichen Anlagen, sondern ergeben sich aus fehlerhaften Überzeugungen (zur Emotionstheorie s. S. 162–169). Tugend ist somit kein Korrektiv, sondern ist gleichzusetzen mit der vollen Entwicklung unserer Natur.

Die stoische Gleichsetzung von Tugend und Wissen

Das griechische Wort *aretê* wird im Deutschen meist mit ›Tugend‹ und im Englischen mit ›*virtue*‹ übersetzt. Dadurch erhält der Begriff einen moralischen Beiklang. Wir denken an vorbildliche Charakterzüge wie Gerechtigkeit, Ehrlichkeit, Mut, Hilfsbereitschaft, Großzügigkeit usw. Der ursprüngliche Begriff *aretê* weist diese Färbung jedoch nicht auf. Er meint ganz allgemein, dass etwas von hervorragender Qualität ist. Im Griechischen kann man daher nicht nur Menschen, sondern auch Dingen und Tieren *aretê* zuschreiben, etwa einer besonders guten Rebschere, einem ausgezeichneten Pferd und sogar der Erde (Platon, *Rep.* I 335b).[3]

Die Frage, was ein exzellentes Pferd oder eine hervorragende Rebschere ausmacht, kann ohne größere Schwierigkeiten beantwortet werden. Kompliziert wird es dagegen, wenn es um die *aretê* des Menschen geht. Nach welchen Kriterien ist ein Mensch exzellent? Diese Frage war in der Antike heftig umstritten: Einige waren der Ansicht, ein vorzüglicher Mensch zeichne sich dadurch aus, besonders durchsetzungsstark, leistungsfähig und einflussreich zu sein, bei sportlichen Wettkämpfen zu gewinnen, ein Heer zum Sieg zu führen oder sich als Machthaber zu etablieren. Ein solches ›kompetitives‹ Tugendverständnis ist vor allem in den homerischen Epen nachweisbar, findet aber auch später noch Unterstützer. Andere halten kooperative oder soziale Qualitäten für Tugenden, etwa Gerechtigkeit oder Besonnenheit. Dieses Tugendverständnis gewinnt im Verlauf des 5. Jahrhunderts mit Ausbildung der demokratischen Gesellschaftsformen an Einfluss.

Im Zentrum der philosophischen Diskussion über die

Tugend steht zweifellos Sokrates. Seine Überlegungen zur Tugend prägen die nachfolgende Debatte entscheidend und sind auch für die Stoiker von großer Bedeutung. Sokrates folgt dem neuen Verständnis seiner Zeit, dem zufolge Gerechtigkeit und Besonnenheit wichtige Tugenden darstellen. Diese Auffassung verteidigt er gegen einige Sophisten (vor allem gegen Thrasymachos und Kallikles), die der Ansicht sind, ein gerechter oder besonnener Mensch sei nicht tugendhaft, sondern ein Dummkopf. Sokrates entwickelt jedoch ein dezidiert philosophisches Verständnis von Tugend, das dem Alltagsverständnis widerspricht. Entscheidend ist dabei, dass er Tugend mit Wissen gleichsetzt. Tugend besteht also nicht einfach darin, sich auf lobenswerte Weise gerecht oder besonnen zu verhalten. Vielmehr beruht sie auf einer bestimmten Einsicht.

Die Stoiker stehen in der sokratischen Tradition, insofern sie ebenfalls Tugend mit Wissen identifizieren: Ein Mensch ist nach stoischer Ansicht dann exzellent, wenn er Wissen besitzt. Wissen zu erwerben bedeutet jedoch mehr, als neue Dinge zu lernen oder sich zu bilden. Es ist mit einer Selbsttransformation verbunden: Wissen verändert den Charakter und das gesamte Leben. Von meinen Überzeugungen und Ansichten hängt es ab, wie ich lebe und handle. Im Kapitel zur stoischen Logik wurde untersucht, wie anspruchsvoll der stoische Wissensbegriff ist (s. S. 67–69). Wissen – und somit Tugend – ist nicht erreicht, sobald man einzelne Erkenntnisse gewinnt. Vielmehr liegt Wissen erst dann vor, wenn man ausschließlich wahre Überzeugungen besitzt, die miteinander im Einklang stehen und sich gegenseitig stabilisieren. Tugend wird von den Stoikern daher auch als Wissenschaft bezeichnet, d. h.

als ganzes System an Erkenntnissen (Diog. Laert. 7.89–90 = teilw. LS 61 A).

Mit der Gleichsetzung von Tugend und Wissen übernehmen die Stoiker eine weitere sokratische Position: Sokrates betont, dass niemand wissentlich schlecht handelt (Platon, *Men.* 78a–b; *Prot.* 358c–d). Wer weiß, was gut und richtig ist, wird das Entsprechende tun. Sokrates bestreitet damit das Phänomen der Willensschwäche. Ist diese Position überzeugend? Erfahren wir nicht häufig an uns selbst, dass wir zwar wissen, was gut und richtig ist, aber dennoch das Gegenteil tun? Die Stoiker würden entgegnen, jede derartige Inkonsequenz beweise, dass wir nie über Wissen verfügten. Vermutlich hatten wir lediglich eine Meinung darüber, was gut und richtig ist.[4] Meinungen sind instabil und lassen sich in Frage stellen. Kennzeichen von Wissen ist dagegen die Unwiderleglichkeit: Wer wirklich *weiß*, was gut ist, wird entsprechend handeln und sich nicht von Begierden oder gegenteiligen Meinungen davon abbringen lassen. Die Stabilität von Wissen zeigt sich auch physikalisch: Die Seele des Tugendhaften weist einen hohen Grad an Spannung auf und besitzt somit größere Festigkeit als die Seele eines gewöhnlichen Menschen (Plutarch, *Stoic. rep.* 1034c–e = LS 61 C).[5]

Welche Inhalte hat das Wissen, das den Stoikern zufolge die Tugend ausmacht? Zunächst ist wichtig, dass es sich nicht auf moralische Intuitionen oder Weisheiten der Lebensführung beschränkt. Es geht vielmehr um Wissen in einem allgemeinen Sinn, d.h. um ›Wissen über die Welt‹.[6] Auffällig ist, dass die Stoiker besonders großen Wert auf ein gutes Verständnis der Natur legen. Cicero schreibt den Stoikern die Ansicht zu, dass man zwischen gut und schlecht erst dann unterscheiden kann, wenn man die Pläne der Natur kennt (Cicero, *De fin.* 3.73). Chrysipp meint, für ein gutes Leben sei erforderlich, die Natur zu verstehen (Plutarch, *Stoic. rep.* 1035c–d = LS 60 A).

Diesen Grundsatz teilen auch die römischen Stoiker. Seneca befasste sich in seinem achtbändigen naturphilosophischen Werk vor allem mit der Meteorologie. Ein tieferes Verständnis von Naturphänomenen hilft seiner Meinung nach nicht nur dabei, irrationale Ängste zu überwinden, sondern auch, den eigenen Platz in der Welt besser einzuschätzen und beispielsweise den Tod als natürliches Geschehnis zu akzeptieren (Seneca, NQ 6.32.12). In den *Meditationen* von Marc Aurel finden sich zahlreiche Notizen zur Physik: Immer wieder übt er sich darin, die Zusammensetzung beliebiger Gegenstände zu analysieren und ihren Platz im größeren Ganzen zu bedenken, um ihren Wert richtig bemessen zu können (z. B. Marc Aurel, *Med.* II 4, II 9, III 1).

Neben der Physik ist auch die Logik für den Erwerb von Tugend von hoher Bedeutung: In ihrer Erkenntnistheorie heben die Stoiker hervor, wie wichtig es ist, Vorstellungen gründlich zu prüfen, ehe man ihnen zustimmt. Die Kenntnis von Argumentationsformen und Syllogismen hilft außerdem dabei, Fehlschlüsse zu vermeiden. Die Beschäftigung mit dem Sorites-Paradox dient beispielsweise dazu, das Urteilsvermögen zu schulen und seine Zustimmung nur im Falle eindeutiger Sachverhalte zu erteilen.[7] Physik und Logik sind für die Stoiker somit nicht nur philosophische Disziplinen, sondern zählen selbst als Tugenden.[8]

Die Stoiker erkennen außerdem eine Reihe von traditionellen Einzeltugenden an, etwa Gerechtigkeit, Besonnenheit oder Tapferkeit. Auch diesen wird jeweils ein separates

Wissensgebiet zugeordnet: Die Tapferkeit ist beispielsweise das Wissen darüber, wie man in Gefahrensituationen standhaft bleibt. In der Stoa gab es allerdings eine Diskussion zu der Frage, ob es streng genommen nur eine Tugend und ein Wissen gibt oder vielmehr eine Vielzahl an Tugenden. Ariston soll die Ansicht vertreten haben, dass die Rede von Tugenden im Plural irreführend sei. Im Grunde gebe es nur ein Wissen und somit eine Tugend. Dieses Wissen bzw. diese Tugend werde nur in verschiedenen Situationen unterschiedlich angewendet. Chrysipp wies diese Position zurück: Seiner Meinung nach gibt es eigenständige Wissensgebiete und somit unterschiedliche Einzeltugenden. Diese bilden allerdings eine kohärente Einheit und konstituieren gemeinsam den tugendhaften Charakter (Plutarch, *Stoic. rep.* 7, 1034c–d = LS 61 C).

Güterlehre: Gut ist nur die Tugend

Das Herzstück der stoischen Ethik bildet die Güterlehre, in der die überragende Bedeutung der Tugend dargelegt wird. Die Stoiker unterscheiden insgesamt zwischen drei Klassen von Dingen: erstens die guten, zweitens die schlechten und drittens die indifferenten (*adiaphora*). Gut ist nur die Tugend, d. h. ein vollkommen rationaler, von Wissen bestimmter Charakter. (Da es eine Vielzahl von Tugenden gibt, muss man genau genommen sagen: Gut sind nur die Tugenden.) Schlecht ist nur das Gegenteil, also ein von Unwissen, unbegründeten Meinungen und irrationalen Emotionen bestimmter Charakter. Alle anderen Dinge sind weder gut noch schlecht, sondern indifferent, wie etwa Gesundheit, Reichtum, gesellschaftliches Ansehen, das Wohl der Kinder und sogar das eigene Leben. Sie sind für das glückliche Leben nicht entscheidend, »denn man kann auch ohne diese glücklich sein« (Diog. Laert. 7.104). Es ließe sich ergänzen: Man kann auch mit ihnen unglücklich sein.

Die stoische Gütertheorie geht im Kern auf Sokrates zurück.[9] Platon legt sie ihm im *Euthydemos* und im *Menon* in den Mund (Platon, *Euthyd.* 278e–282d und 288c–292e; *Men.* 87d–89c). Sokrates stellt dort zunächst fest, dass das Gute nützlich sein muss. Er weist darauf hin, dass Gesundheit, Schönheit oder Reichtum für sich genommen weder nutzen noch schaden, sondern dies von ihrem Gebrauch abhängt. Wenn man sie richtig zu gebrauchen weiß, dann können sie nützlich sein. Bei falschem Gebrauch richten sie Schaden an. Das einzige Gut, so Sokrates, ist daher das Wissen (*epistêmê*) vom richtigen Gebrauch derartiger Dinge. Dieses Wissen identifiziert er mit der Tugend (Platon, *Euthyd.* 278e–281e; vgl. *Men.* 88c). Die Stoiker argumentieren ganz ähnlich wie Sokrates (Diog. Laert. 7.101–103 = LS 58 A): Aus der Tatsache, dass Dinge wie Gesundheit oder Reichtum an sich weder nutzen noch schaden, ergibt sich für sie, dass sie für das glückliche Leben keinen Beitrag leisten und somit auch nicht ›Güter‹ genannt werden dürfen (Sext. Emp. *M* 11.59; Diog. Laert. 7.104).

Es wird häufig betont, dass die Stoiker sich damit vor allem gegen die Aristoteliker abgrenzen. Diese halten die Tugend zwar für den wichtigsten Bestandteil des glücklichen Lebens, meinen aber, man benötige daneben auch Gesundheit, Wohlstand, Freunde und einiges mehr (z. B. Aristoteles, *EN* I 8, 1099a31–b8). Folgt man einer solchen Sichtweise, liegt das glückliche Leben zum Teil außerhalb unserer

Kontrolle: Ob wir vermögend und gesund sind, können wir nicht immer selbst steuern. Vielmehr sind wir auf günstige äußere Umstände angewiesen. Folgt man dagegen den Stoikern, indem man den tugendhaften Charakter als einzige Bedingung für das glückliche Leben ansieht, sind die äußeren Umstände unerheblich.

Viele moderne Interpreten halten diesen Aspekt der stoischen Güterlehre für unhaltbar. Gisela Striker meint, die Stoiker seien so erpicht auf eine Theorie, in der das glückliche Leben allein vom Charakter abhängt, dass sie dafür eine Fehlbeschreibung des glücklichen Lebens in Kauf nehmen.[10] Ähnliche Kritik ernteten die Stoiker bereits in der Antike. Cicero, der ansonsten häufig mit stoischen Positionen sympathisiert, hält ihre Güterlehre für schlicht unrealistisch. Da ein Mensch neben seiner Vernunft auch einen Körper besitze, sei offensichtlich, dass er für ein glückliches Leben außer der Tugend auch Gesundheit benötige. Es sei insbesondere undenkbar, dass ein Tugendhafter trotz Schmerzen glücklich ist, beispielsweise unter den Qualen der Folter, wie es die Stoiker explizit behaupteten (Cicero, *De fin.* 4.52). Cicero ordnet die stoische Position, dass einzig die Tugend ein Gut ist, entsprechend den sogenannten stoischen Paradoxien zu, weil sie allen gängigen Überzeugungen zuwiderläuft. In seiner Schrift *Paradoxa Stoicorum* stellt er sieben solcher Thesen zusammen, in denen sich die Stoiker gegen (*para*) die gängige Meinung (*doxa*) richten.

In der stoischen Gütertheorie verbirgt sich jedoch ein überzeugendes und hilfreiches Anliegen, das auch von vielen Religionen aufgegriffen wird. Die religiöse Praxis, etwa das Innehalten an Feiertagen, das Begehen von Ritualen oder die meditative Reflexion, zielt häufig darauf, ins Bewusstsein zu rufen, dass viele Dinge, um die wir uns stetig in unserem Alltag sorgen, nur einen relativen Wert besitzen und für das Gelingen des Lebens nicht entscheidend sind. Es geht dabei nicht darum, einen Zustand der Vergeistigung zu erreichen, bei dem man Gesundheit, Besitz und anderes hinter sich lassen kann. Vielmehr sollen wir durch die Erkenntnis, dass diese Dinge nur einen relativen Wert besitzen, *besser* mit ihnen umgehen lernen. Die stoische These, dass allein Tugend gut ist, enthält ein ähnliches (wenn auch nicht-religiöses) Element. Wer wirklich versteht, dass allein die Tugend gut ist, und sich daher vor allem um die Tugend sorgt und kümmert, erstrebt damit keinesfalls einen Zustand, in dem alle anderen Dinge überflüssig werden; vielmehr versetzt uns die Tugend in die Lage, mit allem anderen richtig umzugehen.

Werttheorie

Aus der Tatsache, dass nur die Tugend ein Gut ist, folgt für die Stoiker also keineswegs, dass alle indifferenten Dinge gänzlich wertlos sind. Sie entwickeln vielmehr eine Werttheorie, der zufolge innerhalb der indifferenten Dinge Wertunterschiede bestehen. Dinge, die naturgemäß sind, haben einen positiven Wert (*axia*) und sind unter normalen Umständen vorzuziehen. Dazu gehören Gesundheit, Schönheit, handwerkliches Wissen, Reichtum und sogar gesellschaftliches Ansehen. Dinge, die naturwidrig sind, haben dagegen einen negativen Wert (*apaxia*) und sind daher zu vermeiden. Zu ihnen gehören Tod, Krankheit, Armut oder niedere Herkunft (Diog. Laert. 7.104–6 = LS 58 B; Stob. 2.83.10–85.11 = LS 58 D–E).

Diese weitere Unterscheidung innerhalb der indifferenten Dinge war unter den Stoikern zunächst umstritten. Ariston soll sie zurückgewiesen und dafür plädiert haben, alle indifferenten Dinge als gleichermaßen wertlos einzustufen (Sext. Emp., *M* 11.64; vgl. Cicero, *De fin.* 2.43). Auch der Skeptiker Karneades fand die stoische Werttheorie inkonsistent: Seiner Meinung nach können die Stoiker nicht auf der einen Seite die Tugend zum einzigen Gut erklären, auf der anderen Seite aber auch den indifferenten Dingen Wert zuschreiben.[11]

Die Stoiker hielten die weitere Differenzierung jedoch für nötig. Bei Cicero heißt es sinngemäß: Wären alle indifferenten Dinge in ihrer Wertlosigkeit ununterscheidbar, gäbe es keine Grundlage, sinnvoll zwischen ihnen zu wählen und somit überhaupt zu handeln (Cicero, *De fin.* 3.50 = LS 58 I). Für den Tugendhaften bestünde kein Anlass, sich um die eigene Gesundheit, ruhigen Schlaf oder soziale Beziehungen zu bemühen. Es wäre schließlich völlig gleichgültig, ob er krank oder gesund, ausgeruht oder übermüdet, freundschaftlich mit anderen verbunden oder einsam ist.

Doch warum ist der Tugendhafte überhaupt lieber gesund als krank, wenn dies für sein glückliches Leben angeblich nicht entscheidend ist? Dies wird verständlich, wenn man erneut die *oikeiôsis*-Lehre bedenkt, der zufolge der Mensch wie jedes andere Lebewesen zunächst an seiner körperlichen Selbsterhaltung interessiert ist. Das Streben nach Tugend kommt beim erwachsenen Menschen hinzu. Doch das bedeutet nicht, dass die körperliche Selbsterhaltung in diesem Augenblick hinfällig wird.

Sehen wir uns hierzu genauer an, wie Cicero den Übergang von körperlicher Selbsterhaltung zum Streben nach Tugend beschreibt (Cicero, *De fin.* 3.16–22): Bei menschlichen Babys wird die Selbsterhaltung zunächst triebhaft gesteuert, mit Ausbildung der Vernunft folgt sie jedoch zusätzlich rationalen Überlegungen. Diese Überlegungen werden mit der Zeit immer stimmiger und adäquater, bis zu dem Punkt, wo sie »absolut konsistent und mit der Natur übereinstimmend« sind (Cicero, *De fin.* 3.21 = LS 59 D). Wenn alle Überlegungen eine in sich stimmige und adäquate Theorie bilden, dann hat man den Zustand von Wissen erreicht. Dabei wird zwar deutlich, dass im Wissen ein hohes Gut liegt, weil es als Einziges für das glückliche Leben erforderlich ist. Trotzdem behalten auch dann noch diejenigen Dinge, die der körperlichen Selbsterhaltung dienen, einen positiven Wert.

Der Tugendhafte bemüht sich also nach wie vor um seine körperliche Gesundheit, sein Leben, seine Beziehungen, seinen Besitz usw. Er unterscheidet sich vom gewöhnlichen Menschen aber darin, dass alle seine Abwägungen und Entscheidungen auf Wissen beruhen.[12] Der gewöhnliche Mensch, der keine Tugend besitzt, mag sich ebenfalls um seine Gesundheit, seinen Besitz, seine Gemeinschaft usw. bemühen. Doch seine Überlegungen beruhen nicht auf Wissen. Sein Verhalten ist daher häufig emotional, impulsiv, unüberlegt oder widersprüchlich. Dazu gehört auch, dass der gewöhnliche Mensch den Wert der indifferenten Dinge überschätzt und meint, einige von ihnen seien entscheidend für sein Lebensglück. Diesen Fehler begeht der Tugendhafte nicht.

Die Stoiker betonen unablässig, dass die Werthaftigkeit

der indifferenten Dinge sich fundamental vom Status der Tugend unterscheidet. Cicero schreibt: Ihr Wert sei im Vergleich mit der Tugend so gering wie der Schein einer Lampe, der von der Sonne überstrahlt wird (Cicero, *De fin.* 3.45). Damit bringt er zum Ausdruck, dass die indifferenten Dinge den Status der Tugend niemals erreichen können, weil sie auf einer anderen Werteskala liegen. Bisweilen wurde dies so verstanden, als sei die Tugend eine Art Trumpf, die im Konfliktfall den indifferenten Dingen vorzuziehen ist. Auch die stoische Überzeugung, dass Suizid in gewissen Fällen legitim ist, wurde so verstanden: Werde der Weise etwa von einem Tyrannen gezwungen, seine ethischen Prinzipien aufzugeben, opfere er lieber sein Leben.[13]

Diese Interpretation beruht allerdings auf einem Missverständnis. Aus Sicht der Stoiker lässt sich kein Fall konstruieren, bei dem man die Tugend gegen indifferente Dinge abwägen muss.[14] Die Tugend garantiert vielmehr, dass man indifferente Dinge stets korrekt einschätzt und sinnvoll *gegeneinander* abwägt.

Normalerweise gilt es dabei, Dinge mit positivem Wert zu bewahren, vor allem die eigene Gesundheit und das Leben. Doch in ungewöhnlichen Situationen kann es rational sein, sie aufzugeben. Die Stoiker diskutieren beispielsweise den Fall, dass ein Tyrann alle Gesunden im Land für eine tödliche Zwangsarbeit rekrutiert. Unter diesen Umständen opfert der Tugendhafte seine Gesundheit, um nicht für die Zwangsarbeit ausgewählt zu werden. So rettet er sein Leben. Er wägt dabei aber zwischen zwei indifferenten Dingen mit positivem Wert ab, nämlich zwischen Gesundheit und Leben.[15] Auch am Leben muss der Tugendhafte nicht um jeden Preis festhalten. Er erkennt, wann ein guter Zeitpunkt für den Tod erreicht oder der positive Wert des Lebens erschöpft ist. Cato der Jüngere setzt seinem Leben ein Ende, um Caesars Tyrannei zu entgehen. Seneca nimmt den durch Nero verordneten Selbstmord klaglos in Kauf. Den Berichten zufolge haben auch Zenon und Kleanthes ihrem Leben im hohen Alter selbst ein Ende gesetzt (Epiktet, *Diatr.* 1.2 und 4.1; Diog. Laert. 7.28 und 7.176).

Das Verhältnis von Tugend und glücklichem Leben

Das Verhältnis zwischen Tugend und glücklichem Leben in der Stoa wird üblicherweise auf zwei Weisen beschrieben: Einige behaupten, sie seien miteinander identisch (Identitätstheorie), andere meinen, die Tugend sei hinreichende Bedingung für das glückliche Leben (Suffizienztheorie).

Die sogenannte Identitätstheorie liegt deswegen nahe, weil die Tugend, wie wir gesehen haben, für die Stoiker das einzige glücksrelevante Gut darstellt. Cicero spricht an einer Stelle sogar davon, es sei für die Stoiker dasselbe, glücklich zu leben und tugendhaft zu leben (Cicero, *De fin.* 3.29); auch bei Diogenes Laertius findet sich die Formulierung, in der Tugend liege das Glück (Diog. Laert. 7.89 = LS 63 C). Dennoch sind Tugend und glückliches Leben nicht im strengen Sinn dasselbe. Tugend (*aretê*) bezieht sich auf die hervorragende Qualität der Seele oder des Charakters. Glück (*eudaimonia*) dagegen beschreibt die Qualität des entsprechenden Lebens. Das Verhältnis zwischen Tugend und glücklichem Leben gleicht somit eher dem zwischen einer Fähigkeit und der Ausübung dieser Fähigkeit.[16]

Ist es angemessener, die Tugend als hinreichende Bedingung für das glückliche Leben zu bezeichnen? In jedem Fall ist es richtig zu sagen, dass Tugend verlässlich und ungeachtet aller Umstände glücklich macht. Die meisten Interpreten sprechen daher davon, dass die Stoiker eine Suffizienztheorie vertreten.[17] Dies darf jedoch nicht so verstanden werden, als spielten die indifferenten Dinge im Leben des Tugendhaften keine Rolle mehr oder als könnte das glückliche Leben auf den Besitz der Tugend reduziert werden. Der Besitz der Tugend zeigt sich ja gerade darin, dass man mit den indifferenten Dingen stets rational umgeht.

Um diesen Punkt zu illustrieren, schildert Katja Vogt den Fall eines Kletterers, der an einem entlegenen Ort in den Bergen seinen Arm einklemmt und sich nur retten kann, indem er diesen abtrennt. Er lässt sich medizinisch behandeln, erholt sich und kann nach einem Jahr wieder klettern, wenn auch nur einarmig. Ob der Kletterer glücklich lebt, hängt allein von der Tugend ab. Allerdings ist das Leben nach dem Unfall ein anderes als vorher.[18]

Dieses Beispiel illustriert zum einen den Status, den körperliche Gesundheit in der stoischen Ethik einnimmt: Sie entscheidet nicht darüber, ob man glücklich lebt oder nicht, hat aber dennoch einen positiven Wert. Daher ist es im Sinn der Stoiker, wenn der Kletterer nach seinem Unfall medizinische Hilfe in Anspruch nimmt und auf seine Genesung achtet. Darüber hinaus zeigt der Fall aber auch, dass das glückliche Leben mehr als nur die Tugend umfasst, nämlich verschiedene Situationen, Begegnungen, Herausforderungen, Wendungen und so fort, die das Leben entscheidend prägen. Die Tugend besteht in dem Wissen und der Fähigkeit, mit allem, was kommen mag, ideal umzugehen.

Wenn wir verstehen, dass es genau das ist, was die Stoiker ›Tugend‹ nennen, ist ihr Ansatz möglicherweise viel weniger abwegig, als er seit der Antike verstanden wurde (s. den Abschnitt »Güterlehre«). Denn nun wird klar, dass die Fähigkeit, um die es den Stoikern geht – Tugend qua perfekte Handlungsüberlegung –, genau darauf ausgerichtet ist, seine Gesundheit zu erhalten, für seine Kinder zu sorgen, und so weiter. Die ›externen‹ Güter, die in der aristotelischen Tradition als glücksrelevant erachtet werden, haben also innerhalb der stoischen Theorie durchaus ihren Platz. Sie werden nur anders eingeordnet und bezeichnet als bei Aristoteles.[19]

Dies bringt uns zu einer weiteren Besonderheit der stoischen Ethik. Den antiken Ethiken wird häufig eine teleologische Sichtweise auf das gesamte Leben zugeschrieben, der zufolge sämtliche Komponenten und Aspekte des Lebens auf ein letztes Ziel ausgerichtet sind, nämlich auf die *eudaimonia.* In einer solch umfassend teleologischen Sichtweise zielen nicht nur die Tugenden, sondern alle Handlungen und Entscheidungen letztlich auf die *eudaimonia* (Aristoteles, *EN* I.1, 1094a1–2; 1094a22–26). Die stoische Ethik bildet hier eine Ausnahme: Für die Stoiker entscheidet allein die Tugend, ob man glücklich lebt. Man kann auch dann glücklich leben, wenn man seinen Arm verliert. Man kann jedoch nicht glücklich leben, wenn man keine Tugend besitzt. Allein die Tugend zielt somit auf die *eudaimonia.*

Nehmen wir beispielsweise an, der Kletterer habe die stoische Güter- und Wertetheorie verinnerlicht. Wenn er seinen Arm abtrennt, medizinische Behandlung sucht und sich um seine Regeneration bemüht, dann zielen seine Handlungen nicht darauf, glücklich zu sein. Vielmehr richtet sein Handeln sich danach, was positiven und negativen Wert hat (*axia, apaxia*), auf Dinge also, die für das glückliche Leben nicht ausschlaggebend sind. Die Stoiker behaupten damit nicht, dass der Verlust eines Armes oder das Heilen der Wunde keinen Unterschied macht. Sie sagen nur, dass sie für das glückliche Leben nicht entscheidend sind. Für das glückliche Leben ist allein die rationale Kraft der Tugend erforderlich. Gerade dann, wenn wir einen Arm verlieren, garantiert sie, dass wir trotz des Verlustes glücklich sind.[20]

Das Ziel: ein Leben in Einklang mit der Natur

Die stoische Vorstellung vom glücklichen Leben wird in der Lehre vom Lebensziel (*telos*) zusammengefasst. Der bekanntesten stoischen Formulierung zufolge besteht das Lebensziel darin, »im Einklang mit der Natur zu leben« (*homologoumenôs tê physei zên*; *secundum naturam vivere*). Die Stoiker betonen, dass das Leben im Einklang mit der Natur nichts anderes ist als das Leben der Tugend. Diogenes Laertius zitiert Chrysipp wie folgt:

> »Ferner ist das Leben gemäß der Tugend dasselbe wie das Leben in Übereinstimmung mit unserer Erfahrung dessen, was von Natur aus geschieht, wie Chrysipp in *Über die Ziele*, Buch 1 schreibt: Unsere Naturen sind nämlich Teile des Ganzen. Aus diesem Grund besteht das Ziel darin, in Übereinstimmung mit der Natur zu leben, d. h. in Übereinstimmung mit der eigenen Natur und der des Universums, indem man nichts tut, was durch das allge-

meine Gesetz (*nomos ho koinos*) verboten ist. Dies ist die richtige Vernunft (*orthos logos*), die alle Dinge durchzieht und identisch ist mit Zeus, dem Anführer und Verwalter aller Dinge.« (Diog. Laert. 7.88 = LS 63 C.)

Ein tugendhaftes Leben ist also einerseits von Wissen und somit von innerer Stabilität und Konsistenz bestimmt, folgt aber andererseits einer äußeren Norm, nämlich der kosmischen Vernunft. Der Zusammenhang zwischen beiden Aspekten ergibt sich daraus, dass unsere Vernunft mit der kosmischen Vernunft verwandt ist.[21] Epiktet schreibt etwa, die eigene Vernunft sei »ein Sprössling« der göttlichen Vernunft (Epiktet, *Diatr.* 1.1.12).

Der Bezug auf die äußere Natur lenkt allerdings die Aufmerksamkeit auf einen Aspekt, der über das Bisherige hinausgeht. Wer im Einklang mit der Natur lebt, stimmt nicht nur mit sich selbst überein, sondern akzeptiert auch alle äußeren Geschehnisse, denen er auf seinem Lebensweg begegnet.[22] Dies setzt ein bestimmtes Weltbild voraus, dem zufolge das Universum optimal für uns eingerichtet ist. Wäre die Welt irrational oder von blinden Naturkräften bestimmt, bliebe das stoische Ideal vom Leben im Einklang mit der Natur unverständlich.[23]

Aufgrund der Redeweise von einem »allgemeinen Gesetz« gelten vielen die Stoiker als Begründer der Naturrechtstheorie. Dieser Theorie zufolge gibt es neben dem positiven Recht, das an einem bestimmten Ort zu einer bestimmten Zeit gilt, ein überpositives, natürliches (bzw. göttliches) Recht, das universell gilt. Seneca spricht sogar explizit von *lex naturae.* Allerdings verstehen die Stoiker das ›allgemeine Gesetz‹ nicht als Regelwerk aus Vorschriften oder Verboten. Es bildet stattdessen die vernünftige Ordnung der Welt, die der Tugendhafte erkennt und mit der er von sich aus übereinstimmen will.[24]

Die Stoiker unterscheiden terminologisch zwischen dem Leben ›im Einklang mit der Natur‹ und dem ›naturgemäßen‹ Leben (*kata physin*). Ein naturgemäßes Leben führen auch Tiere, indem sie beispielsweise für sich und ihren Nachwuchs sorgen. Auch die gewöhnlichen Menschen leben lediglich ein naturgemäßes Leben: Sie kümmern sich um ihr Wohlergehen, verhalten sich dabei aber häufig irrational und inkonsistent. Im Unterschied dazu lebt der Tugendhafte nicht nur naturgemäß, sondern *im Einklang* mit der Natur, weil er in allen seinen Handlungen dem Standard der Vernunft folgt.

Die Unterscheidung zwischen einem naturgemäßen Leben und einem Leben im Einklang mit der Natur kommt auch in der stoischen Unterscheidung zwischen angemessenen und vollkommenen Handlungen zum Tragen. Angemessene Handlungen (*kathêkonta*) sind solche, die auf zutreffenden Überlegungen (und nicht etwa auf Irrtümern) beruhen. Wenn der Handelnde aus zutreffenden Gründen urteilt, diese oder jene Handlung sei ›zu tun‹, setzt er sich, wenn kein äußeres Hindernis besteht, entsprechend in Bewegung. Auch Menschen, die nicht tugendhaft sind, führen viele angemessene Handlungen (*kathêkonta*) aus. Ein Beispiel: Jemand kommt zum Schluss, dass er jetzt von zu Hause losgehen muss, weil in 15 Minuten die Bahn an der Haltestelle abfährt. Wenn seine Überlegung zutrifft (und er sich nicht etwa bei der Entfernung verschätzt), führt er eine angemessene Handlung aus.

Auch Kinder und Tiere führen angemessene Handlungen aus, und sogar mit Blick auf Pflanzen sprechen die Stoiker von angemessenen Handlungen (Diog. Laert. 7.107 = LS 59 C). Nur für eine Untergruppe von angemessenen Handlungen lässt sich jedoch sagen, dass sie vollkommen bzw. korrekt sind (*katorthômata*). Genau dies sind die Handlungen des Tugendhaften. Möglicherweise führt der Tugendhafte äußerlich häufig dieselben Handlungen aus wie eine gewöhnliche, nicht-tugendhafte Person. Doch jede seiner Handlungen wurde auf der Basis von Wissen ausgewählt. Nur diese Handlungen stimmen im vollen Sinn mit der Natur überein.

Der Weise und der Dummkopf

Die Stoiker verweisen häufig auf den Weisen (*sophos*), die Idealfigur ihrer Ethik. Sie sprechen über ihn in der maskulinen Form, halten geschlechtliche Unterschiede mit Blick auf Tugend allerdings für unbedeutend.[25] Der Weise ist im Besitz von Wissen und gilt als unfehlbar. Sein gesamtes Leben ist glücklich, alles, was er tut, ist gut (Stob. 2.66,14–67,4 = LS 61 G). Daher lebt er ein glückliches Leben. Seine Seele ist gesund, sogar immun gegen Krankheiten (Cicero, *Tusc.* 3.10; Galen, *PHP* 5.2.9).

Obgleich dieses Ideal übermenschlich klingt, verweisen die Stoiker auf reale Personen. Vor allem Sokrates galt als Verkörperung des Weisen, die späteren Stoiker verwiesen außerdem häufig auf den römischen Senator Cato.[26] Bei Epiktet heißt es etwa, man solle danach streben, »ein Sokrates zu werden« (Epiktet, *Ench.* 51.3). Den Stoikern zufolge ist es also möglich, weise zu werden. Allerdings glückt dies fast nie. Der Weise kommt seltener vor als der mythische Vogel Phönix (Alex. Aphr., *De fato* 199,14–22 = LS 61 N).

Den meisten Menschen gelingt es also nicht, Wissen und Tugend zu erreichen. Für die Stoiker ist dabei unerheblich, ob man die Tugend nur knapp oder weit verfehlt: Wer sie nicht erreicht, ist schlecht, verrückt und ein Dummkopf. Die Auffassung, dass alle außer dem Weisen schlecht sind, nimmt Cicero in die bereits erwähnte Liste der stoischen Paradoxien auf. Tatsächlich widerspricht es der Alltagsüberzeugung, dass man alle Menschen zwei scheinbaren Extremen zuordnet, statt Zwischenstufen anzuerkennen. Den Stoikern geht es jedoch darum, Tugend trennscharf zu definieren. Menschen, die sich der Tugend nähern, aber in einigen Hinsichten fehlgehen, sind genauso wenig im Besitz der Tugend wie solche, die durch und durch verdorben sind. Chrysipps Rechtfertigung dieser Auffassung ist bei Plutarch überliefert (Plutarch, *Comm. not.* 10, 1063A–B = LS 61 T):

> »›Ja‹, sagen sie [die Stoiker], ›aber wie im Meer derjenige, der eine Armlänge von der Oberfläche entfernt ist, um nichts weniger ertrinkt als derjenige, der 500 Klafter [= 3000 Fuß] tief gesunken ist, so sind selbst diejenigen, die nahe an die Tugend herankommen, nicht weniger im Zustand der Schlechtigkeit als diejenigen, die weit von der Tugend entfernt sind.‹«

Die Stoiker illustrieren ihre Ansicht mit einer Reihe weiterer Beispiele: Ein Welpe, der kurz davorsteht, seine Augen zu öffnen, sieht genauso wenig wie einer, der gerade erst geboren wurde (Cicero, *De fin.* 3.48). Und wer ein Stadion (etwa 150 Meter) von Kanopus entfernt ist, befindet sich genauso außerhalb der Stadt wie derjenige, der hundert Stadien entfernt ist (Diog. Laert. 7.107 = LS 58 A).

Bereits in der Antike stieß die Weigerung der Stoiker, abgeschwächte Grade von Tugend zuzulassen, auf Kritik. Vor allem wurde eingewendet, dass der Einzelne beim Erwerb der Tugend doch augenscheinlich Fortschritte mache. Die Stoiker stimmen zwar zu, dass Tugend lehrbar und Fortschritt (*prokopê*) möglich ist (Diog. Laert. 7.91 = LS 61 K). Besonders in der jüngeren Stoa, bei Epiktet und Seneca, wird der Fortschritt zur Tugend eingehend behandelt (Seneca, *Ep.* 75; Epiktet, *Diss.* 1.4).[27] Doch Tugend ist nach stoischer Auffassung nicht die höchste Stufe auf einer Skala, die verschiedene Grade zulässt. Im Gegenteil: Der Erwerb der Tugend bedeutet einen Durchbruch, der dem Leben eine völlig neue Qualität verleiht. In den zitierten Beispielen wird dieser Punkt deutlich. Unabhängig davon, wie nah eine Schwimmerin an der Wasseroberfläche ist: Sie kann erst dann atmen, wenn sie aufgetaucht ist. Der Welpe sieht erst in dem Moment, in dem er die Augen öffnet. Und in Kanopus befindet man sich nicht eher, als man die Stadtgrenzen überschritten hat.

Im Hintergrund der Überzeugung, dass Tugend keine unterschiedlichen Grade zulässt, steht die stoische Gleichsetzung von Tugend und Wissen. Gewöhnliche Menschen haben zwar einzelne Erkenntnisse, doch sie täuschen sich häufig, teilen unbegründete Annahmen oder ziehen voreilige Schlüsse. Sie haben den Zustand des Wissens und damit auch die Tugend verfehlt. Der Tugendhafte ist dagegen völlig frei von inneren Widersprüchen und irrationalen Annahmen, er stimmt in jeder Hinsicht mit den Maßstäben der Vernunft überein. In einer Quelle heißt es entsprechend, seine Seele harmoniere das ganze Leben hinweg mit sich selbst (Stob. 2.60,7–8). Dieser Zustand der Konsistenz und Vernünftigkeit lässt abgeschwächte Grade so wenig zu wie die Präzision einer mathematischen Gleichung: Enthält sie nur einen Fehler, ist die gesamte Gleichung falsch.

Theorie der Emotionen: Emotionen sind Meinungen

In den uns zugänglichen Berichten nimmt die stoische Theorie der Emotionen einen großen Raum ein (Diog. Laert. 7.110–116; Stob. 2.88–93; Cicero, *Tusc.* 3.22–5). Allein Chrysipp soll vier Bücher über die Emotionen verfasst haben. Auch in den Schriften der jüngeren Stoa spielen sie eine große Rolle. Zentral für den stoischen Ansatz ist die These, dass wir die Urheber unserer Emotionen sind. Wir sind ihnen nicht ausgeliefert, sondern können sie steuern und uns von ihnen befreien. Dies liegt daran, dass Emotionen nicht durch äußere Gegenstände oder Ereignisse ausgelöst werden. Sie beruhen vielmehr auf (meist falschen) Meinungen, die wir selbst bilden.

Zudem ist entscheidend, dass Emotionen oder Affekte, *pathê*, aus Sicht der Stoiker Handlungsmotivationen sind. Unter der Voraussetzung, dass kein äußeres Hindernis dazwischenkommt, gehören Handlungen zu Emotionen oder sind sogar identisch mit ihnen.[28] Emotionen sind also nicht nur Meinungen, sie sind darüber hinaus auch sogenannte exzessive Impulse bzw. Handlungsmotivationen. Chrysipp vergleicht einen solchen exzessiven Impuls mit einem Menschen, der zu schnell läuft und daher seine Schritte nicht mehr kontrollieren kann. Er hat sich zwar anfangs entschieden, schnell zu laufen, wird dann aber von seinen Beinen davongetragen und kann sein Tempo nicht unmittelbar zügeln (Galen, *PHP* 4.2.14 = LS 65 J). Dieses Bild illustriert ein Phänomen, das auch heute diskutiert wird, nämlich die sogenannte *Inertia* von Emotionen. Wenn wir z. B. zornig sind, weil wir denken, jemand hat uns belogen, und wir erfahren, dass die Person nicht gelogen hat, dann ändern wir zwar sofort unsere Meinung, die Wut bzw. der emotionale Zustand aber braucht eine Weile, um abzuklingen.

Die stoische Emotionstheorie hängt sachlich eng mit der Güterlehre und Werttheorie zusammen. Emotionen entstehen dann, wenn man Dingen, die für das Glück indifferent sind, fälschlich den Status eines Gutes zuschreibt. Hält man beispielsweise Gesundheit, Reichtum, Erfolg oder gesellschaftliche Anerkennung für Güter, entwickelt man ihnen gegenüber Gefühle: Man genießt es, sie zu besitzen, oder fürchtet, man könne sie verlieren. Derartige Emotionen beweisen jedoch nur, dass man zu Unrecht meint, diese Dinge trügen zum glücklichen Leben bei.

Seneca verwendet zudem Beispiele für Emotionen, die keine falschen Meinungen voraussetzen. Wenn wir beispielsweise von unserem stoischen Lehrer überzeugt werden, dass nur Tugend gut ist, aber zugleich einsehen, dass wir nicht tugendhaft sind, können uns diese beiden Erkenntnisse in Verzweiflung stürzen. Beide Überzeugungen sind zwar wahr: Es trifft zu, dass nur Tugend gut ist und dass ich nicht tugendhaft bin. Trotzdem ist auch diese Verzweiflung aus Sicht der Stoiker eine Emotion. So erklärt sich, dass die Definition der Emotion nicht lautet, Emotionen seien falsche Meinungen, sondern nur, Emotionen seien Meinungen. Emotionen sind vor allem insofern bloße Meinungen, als sie instabil sind. Es ist Teil des instabilen kognitiven Zustands aller gewöhnlichen Menschen, dass sie hin- und herschwanken und einmal erreichte Einsichten leicht wieder verlieren. Die Einsicht, dass man selbst nicht tugendhaft sei, wird schnell hinterfragt und löst daher nur kurz Verzweiflung aus. Senecas Schriften sind voller Beispiele dieser Art.[29]

Den Quellen zufolge unterscheiden die Stoiker vier grundlegende Arten von Emotionen (Stob. 2.88–91 = LS 65 A und E; Stob. 90,19–91,9 = LS 65 E): Erstens Schmerz, zweitens Angst, drittens Lust und viertens Begierde. Sie unterscheiden sich danach, ob etwas für gut oder für schlecht gehalten wird und ob es in der Zukunft oder Gegenwart liegt. Eine Begierde besteht in der Meinung, etwas sei gut und wird in der Zukunft hoffentlich erlangt werden. Angst besteht in der Meinung, etwas sei schlecht und wird in der Zukunft leider eintreffen. Lust ergibt sich, wenn es gelingt, das Objekt der Begierde zu erlangen oder das Objekt der Angst zu vermeiden. Schmerz stellt sich ein, wenn dies nicht gelingt. Lust und Schmerz sind der stoischen Theorie somit nachgeordnete Emotionen. Diesen vier Grundarten ordnen die Stoiker eine Vielfalt an weiteren Emotionen zu. Zur Angst gehört beispielsweise die Scham, zur Lust die Schadenfreude, zur Begierde gehören sexuelles Verlangen und Zorn, zum Schmerz Ärger, Trauer, Ekel und Eifersucht.

Emotionen entstehen dabei wie andere Meinungen, nämlich, indem man einer Vorstellung (*phantasia*), die von einem externen Gegenstand hervorgerufen wird, seine

Zustimmung erteilt (*synkatathesis*). Ein Beispiel: Wenn ich der Vorstellung zustimme, dass eine Autofahrerin ihren Wagen auf meinen Parkplatz stellt, dann bilde ich die entsprechende Überzeugung: Eine Autofahrerin stellt ihren Wagen auf meinen Parkplatz. Wenn ich nun der Vorstellung zustimme, dies sei schlecht und ärgerlich – immerhin bezahle ich für den Platz, bin gerade in Eile usw. – und ich sollte der Autofahrerin daher empört zurufen, sie möge Platz machen, dann bilde ich die entsprechende Meinung und den entsprechenden exzessiven Handlungsimpuls. Das bedeutet: Ich schreie unmittelbar los »Das ist mein Parkplatz, stellen Sie Ihren Wagen weg!«, bevor ich es mir anders überlegen kann.

Erwachsene Menschen unterscheiden sich nun von Tieren und Kindern darin, dass sie ihren Vorstellungen Zustimmung erteilen, aber diese auch entziehen können. Ob ich der Vorstellung zustimme, dass das Verhalten der Autofahrerin ärgerlich ist und ihr heimgezahlt werden muss, liegt bei mir. Nur dann, wenn ich der Vorstellung meine Zustimmung erteile, ärgere ich mich und handle entsprechend. Doch warum sollte ich die Meinung und den Ärger überhaupt vermeiden? Der Parkplatz gehört mir! Die Frau hätte zumindest um Erlaubnis bitten oder sich entschuldigen können! Ist meine Meinung nicht gerechtfertigt, und bin ich nicht aus nachvollziehbaren Gründen verärgert?

In der Terminologie der Stoiker ist ›Meinung‹ keine neutrale Beschreibung für eine Überzeugung, sondern beschreibt eine fehlerhafte, defizitäre kognitive Einstellung. Meinungen entstehen, indem wir Vorstellungen zustimmen, die nicht verlässlich sind und ihren Gegenstand nicht adäquat wiedergeben. Dem erkenntnistheoretischen Ideal der Stoiker zufolge sollten wir es also vermeiden, solchen Vorstellungen zuzustimmen. Stattdessen sollten wir unsere Zustimmung nur dann erteilen, wenn wir sicher sein können, dass eine Vorstellung ihren Gegenstand genau und adäquat erfasst. Eine Vorstellung, die einem indifferenten Gegenstand zuschreibt, gut oder schlecht zu sein, kann nicht adäquat sein. Derartigen Vorstellungen sollten wir also grundsätzlich nicht zustimmen.

Die stoische Gleichsetzung von Emotion und Meinung ist bemerkenswert. In antiken wie modernen Emotionstheorien werden Emotionalität und Rationalität häufig einander gegenübergestellt. Gefühle werden dabei nicht der Vernunft, sondern vernunftlosen Anlagen zugeschrieben. Die Stoiker ordnen unsere Emotionen hingegen ganz und gar der Vernunft zu. Sie werden von unseren rationalen Entscheidungen verursacht.[30] Dieselben vernünftigen Fähigkeiten, mithilfe derer wir denken und sprechen, erzeugen somit auch unsere Gefühle. Zwar bezeichnen die Stoiker Gefühle bisweilen als irrational. Damit behaupten sie aber nicht, dass sie einem unvernünftigen Seelenteil zuzuschreiben sind, sondern dass sie auf Irrtümern beruhen.

Im Hintergrund der stoischen Emotionstheorie steht die stoische Psychologie, die häufig als monistisch bezeichnet wird. Damit ist gemeint, dass die Stoiker die menschliche Seele als Einheit begreifen. Sie besteht ausschließlich aus Vernunft und hat keine vernunftlosen Anteile. Diese Sicht hat nicht nur Konsequenzen für die Emotionstheorie, sondern auch für die Erklärung von inneren Konflikten. Diese sind den Stoikern zufolge nicht auf einen Widerstreit zwischen verschiedenen Seelenteilen zurückzuführen, wie Platon dies in der *Politeia* annimmt. Vielmehr sind sie als ein schnelles Oszillieren zwischen einander widersprechenden Urteilen zu erklären (Plutarch, *Virtute morali* 7, 446 F–447 A = LS 65 G).

Das Ideal der Affektfreiheit (*apatheia*) und die guten Gefühle des Weisen

Dem stoischen Ideal zufolge müssen wir uns von Emotionen befreien, indem wir die entsprechenden Meinungen korrigieren. Aus der Erfahrung wissen wir, dass das möglich ist. Beispielsweise sehe ich, dass die Autofahrerin, die meinen Parkplatz blockiert, sich mit einem Schild in der Windschutzscheibe als ›Hebamme im Dienst‹ ausweist. Ich schließe daraus, dass sie zu einer Geburt oder einem Hilferuf aus dem Wochenbett eilt. Augenblicklich revidiere ich meine Meinung, dass ihr Verhalten ärgerlich ist.

Die Stoiker halten allerdings nicht nur meinen Ärger über den blockierten Parkplatz für falsch und korrekturbedürftig, sondern alle gängigen Emotionen, also jede Form von Zorn, Lust, Scham, Ekel, Trauer usw. Diese Position erscheint dann am plausibelsten, wenn man sie auf belastende oder unangemessene Gefühle beschränkt, etwa auf Eifersucht, Neid, Hass oder Schadenfreude. Wir würden den Stoikern zustimmen, dass diesen Gefühlen häufig irrationale und fragwürdige Annahmen zugrunde liegen. Doch den Stoikern zufolge beruhen auch alle anderen Emotionen auf Irrtümern, insofern sie indifferenten Dingen zuschreiben, gut oder schlecht zu sein.

Der stoische Weise begeht im Gegensatz zum gewöhnlichen Menschen nicht den Fehler, indifferente Dinge emotional zu beurteilen. Er erkennt ihren eigentlichen Wert und entwickelt ihnen gegenüber keine Gefühle. Genau darin besteht das bekannte stoische Ideal der Affektfreiheit (*apatheia*). Es bedeutet allerdings keineswegs, dass der Weise gefühlskalt oder regungslos wäre. An Stelle der Emotionen treten bei ihm vernünftige, gute Gefühle (*eupatheia*; Diog. Laert. 7.115 = LS 65 F; Cicero, *Tusc.* 4.12–4).[31] In Situationen, in denen ein gewöhnlicher Mensch Angst empfindet, reagiert der Weise beispielsweise mit Vorsicht. Für einige Emotionen gibt es allerdings keine vernünftigen Entsprechungen. Dies betrifft die Emotionen, die die Stoiker dem Schmerz zuordnen, also Ärger, Trauer, Ekel, Eifersucht.

Irritierend wirkt auf uns heute insbesondere, dass der Weise keine Trauer empfindet. Die Stoiker betonen, dass nicht einmal der Verlust seiner Liebsten ihm Kummer bereitet. Grund hierfür ist keineswegs, dass der Weise für seine Mitmenschen keine Gefühle entwickelt. Der Weise empfindet insbesondere Wohlwollen (*eumeneia*) und Zuneigung (*agapê*) gegenüber Angehörigen und Freunden (Diog. Laert. 7.116). Epiktet widmet diesen Gefühlen ein eigenes Kapitel (Epiktet, *Diatr.* 1.11). Dennoch betont auch er, dass es unangebracht ist, bei Todesfällen zu trauern:

> »Wenn du dein Kind oder deine Frau küsst, sage dir, dass du einen Menschen küsst. Dann wirst du nicht die Fassung verlieren, wenn er stirbt.« (Epiktet, *Ench.* 3.)

Doch wie kann es einerseits richtig sein, dass man seine Familienangehörigen liebt, es andererseits aber falsch sein, wenn wir ihren Verlust betrauern? Jemanden zu lieben, so möchten wir einwenden, bringt es mit sich, dass sein Verlust schmerzt. Umgekehrt halten wir es für ein Zeichen von fehlender Zuneigung, wenn man den Tod eines Menschen regungslos hinnimmt.

In ihren Reflexionen über Tod und Verlust geht es den Stoikern jedoch darum, eine vernünftige Perspektive einzunehmen. Ziel ist es, den Tod nicht als persönliche Katastrophe zu werten, sondern als erwartbares und natürliches Geschehnis. Der Tod unterscheidet sich nicht von anderen natürlichen Ereignissen und leistet einen Beitrag zu der Regeneration und dem Fortbestand des Kosmos.[32] Epiktet empfiehlt beispielsweise bei einem Trauerfall, an andere Menschen zu denken, die bereits ihre Partner oder Kinder verloren haben. Mit Blick auf andere Menschen sei uns bewusst, dass es jedem Menschen beschieden ist, irgendwann zu sterben. Wenn wir selbst einen unserer Liebsten verlieren, sollen wir uns an diese Einsicht erinnern (Epiktet, *Ench.* 26). Die stoischen Reflexionen über den Umgang mit Verlusten ähneln in diesem Punkt religiösen Trauerritualen.[33] Auch diese erinnern uns daran, dass der Tod zum Los des Menschen gehört und dies weder unsere Liebsten noch uns selbst ausschließt.

Sozialtheorie: Fürsorge für andere und politisches Engagement

Auf der Basis ihrer *oikeiôsis*-Lehre entwerfen die Stoiker eine Sozialtheorie, der zufolge sich der natürliche Selbsterhaltungstrieb bei Mensch wie Tier nicht nur auf das eigene Wohlergehen richtet, sondern sich mit der Fürsorge für andere verbindet. Sich selbst zu erhalten, schließt mit ein, auch für den größeren Verband zu sorgen, in dem man lebt. Dieser Aspekt der *oikeiôsis*-Lehre bildet die Grundlage der stoischen Sozialtheorie.

Die Stoiker machen zunächst darauf aufmerksam, dass alle Tiere sich liebevoll um ihren Nachwuchs sorgen. Die Sorge um den Nachwuchs lässt sich Chrysipp zufolge bei sämtlichen Arten beobachten – mit Ausnahme bei den Fischen, deren Brut sich selbst erhält (Plutarch, *Stoic. rep.* 12 1038b = 57 E). Die Stoiker begründen dieses Verhalten teleologisch: Es wäre widersinnig, wenn die Natur Lebewesen mit Reproduktionsfähigkeit ausstattete, nicht jedoch mit dem Interesse daran, den Nachwuchs wohlbehalten aufzuziehen (Cicero, *De fin.* 3.62 = LS 57 F). Die Fürsorglichkeit beschränkt sich bei vielen Tieren nicht auf den eigenen Nachwuchs, sondern schließt die gesamte Gemeinschaft ein. Soziale Bindungen und altruistisches Verhalten sind somit nicht auf die menschliche Kultur und Zivilisation beschränkt, sondern bei allen Lebewesen zu finden, die in Gemeinschaften leben, beispielsweise bei Bienen, Ameisen und Störchen.

Beim Menschen nimmt die Fürsorge für andere besondere Züge an. Zu seiner sozialen Natur gehört es nicht nur, einen Partner zu finden und Kinder zu zeugen, sondern auch, sich politisch zu engagieren (Cicero, *De fin.* 3.68 = LS 57 F; Stob. 2.94,8–20). Er ist sich seiner sozialen Natur bewusst und bringt sie in der Übernahme politischer Ämter und gesellschaftlicher Verantwortung zum Ausdruck.[34]

Mit ihrer Haltung wenden sich die Stoiker gegen Aristoteles, der zwischen einem kontemplativen Leben der Philosophie und einem aktiven Leben der Politik unterscheidet.

Auch Epikur vertritt die gegenteilige Ansicht; er rät von politischem Engagement ab, weil es den Seelenfrieden unnötig beeinträchtigt. Chrysipp soll dagegen zur Vereinbarkeit von philosophischem und politischem Leben ein Werk in vier Büchern geschrieben haben. Die Stoiker sind insgesamt der Ansicht, dass das philosophische Leben politische Verantwortung mit sich bringt (Diog. Laert. 7.130 = LS 66 H).[35]

Dieser Aspekt zeigt sich auch an den Biographien einzelner Stoiker, soweit sie uns bekannt sind. Teilweise standen sie den Machtzentren ihrer Zeit sehr nahe. Dies trifft bereits auf die frühen Stoiker zu, zeigt sich aber besonders deutlich in der römischen Stoa: Seneca war als Erzieher und politischer Berater Neros tätig, zudem eng mit Kaiserin Agrippina vertraut und hatte zeitweise selbst ein Ministeramt inne. Zu den wichtigsten Politikern und Machthabern, die sich selbst als Stoiker verstanden, gehören der römische Senator Cato der Jüngere, der im 1. Jahrhundert v. Chr. in der Römischen Republik wichtige Ämter besetzte, sowie Kaiser Marc Aurel, der im 2. Jahrhundert n. Chr. das Römische Reich regierte.

Es wäre also ein Missverständnis zu meinen, die stoische Ethik empfehle die gleichmütige Akzeptanz aller politischen Verhältnisse und Ereignisse. Richtig ist zwar, dass äußere Verhältnisse in den Bereich des Indifferenten gehören und dass die Stoiker betonen, man könne auch in widrigen Verhältnissen glücklich leben. Doch dies schließt nicht aus, Ungerechtigkeiten zu verurteilen und für Verbesserungen zu kämpfen. Politisch aktive Stoiker riskierten Verbannungen und nahmen sogar ihre Hinrichtung in Kauf. Epiktet würdigt vor allem zwei von ihnen: Helvidius

Priscus (gest. um 75 n. Chr.) wurde unter Kaiser Nero verbannt und schließlich auf Anordnung von Kaiser Vespasian (9–79 n. Chr.) hingerichtet. Thrasea Paetus (gest. um 66 n. Chr.) wurde von Kaiser Nero zum Tode verurteilt und öffnete sich bei Erhalt dieser Nachricht die Pulsadern (*Diatr.* 1.2.19–24; vgl. Marc Aurel, *Med.* 1.14).

Zenons *Politeia* und die stoische Kosmopolis

Die Stoiker verstanden sich als Kosmopoliten. Sie sind nicht die ersten Philosophen der Antike, die dies für sich beanspruchen. Bereits Diogenes von Sinope (um 413 – um 323 v. Chr.), ein kynischer Philosoph und Zeitgenosse des Aristoteles, hatte sich auf diese Weise bezeichnet (Diog. Laert. 6.63; 6.98): Er sei nicht Bürger irgendeiner Stadt, sondern Bürger (*politês*) der Welt (*kosmos*). Diogenes lehnte damit nicht nur die Identifikation mit seiner Heimat und die Unterscheidung zwischen Hellenen und Barbaren, sondern sämtliche gesellschaftliche Konventionen ab und folgte einem radikal einfachen und naturnahen Lebensstil. Dazu gehörte, dass er die Ehe, wie überhaupt alle Vorschriften in Bezug auf das Sexualverhalten, für nichtig erklärte (Diog. Laert. 6.72).

Zenon entwickelt seinen Ansatz in seiner *Politeia*,[36] die wie alle anderen seiner Schriften verloren ist. Er soll sich darin für die Abschaffung von Geld, Gerichten, Schulen und der Ehe ausgesprochen und auch sämtliche Normen zur Sexualität zurückgewiesen haben (Diog. Laert. 7.32–4 = teilw. LS 67 B; 7.131 = LS 67 U). In einigen Quellen wird sogar berichtet, er habe das Inzestverbot in Frage gestellt und

Kannibalismus befürwortet (Sext. Emp., *M* 11.190; *PH* 3.245). In der Antike führte man diese anstößigen Elemente auf den Einfluss der Kyniker zurück. Doch ähnliche provokante Thesen werden auch Chrysipp zugeschrieben (LS 67 F, G). Sie hatten also innerhalb der stoischen Philosophie eine bestimmte Funktion.

In der Forschung wird angenommen, dass sie nicht Teil ihres politischen Programms waren. Die Stoiker empfahlen also keineswegs die Errichtung einer Gemeinschaft, in der man Menschenfleisch isst und mit seinen engsten Verwandten Kinder zeugt. Es ist eher denkbar, dass die Überlegungen zu Kannibalismus und Inzest im Kontext ihrer Güter- und Werttheorie angesiedelt sind. Menschliche Leichname gehören beispielsweise zum absolut Indifferenten; es kann also das glückliche Leben nicht beeinträchtigen, wenn man in einer Notlage gezwungen ist, Menschenfleisch zu essen.[37] Zudem entscheidet der Tugendhafte ausschließlich nach rationalen Erwägungen, welche Handlungen geboten sind. In extremen Situationen kann er entscheiden, dass er gegen geltende Konventionen verstoßen muss, selbst wenn sie mit den größten gesellschaftlichen Tabus belegt sind.[38]

Worin besteht nun aber die kosmopolitische Vision der Stoiker? Bei Plutarch heißt es, für die Stoiker sei die Menschheit wie eine große Herde, die auf einem gemeinsamen Rasen grast (Plutarch, *Alex Virt.* 329a–f = teilw. LS 67 A). Er bezeichnet außerdem das Weltreich Alexanders des Großen als eine Art praktische Umsetzung stoischer Ideale, insofern Menschen unterschiedlicher Herkunft in einem Reich zusammenlebten (*Alex. Virt.*). Beim Vergleich mit Alexanders Weltreich erliegt Plutarch dabei sicherlich einem Missverständnis.[39] Die Stoiker befürworteten keineswegs die Ausweitung bestehender Grenzen oder die Errichtung eines Weltstaats mit eigener Regierung. Richtig ist aber seine Beobachtung, dass sie für ein neues Verständnis der menschlichen Gemeinschaft plädierten, dem zufolge wir mit allen anderen Menschen verbunden sind.

Mit ihrer Vision traten die Stoiker in Widerspruch zu Aristoteles, der in seiner *Politik* gesellschaftliche Grenzen und Hierarchien im Rückgriff auf natürliche Differenzen rechtfertigt: Nur griechische Männer bilden nach Aristoteles ihre Vernunft voll aus, während Frauen und besonders Barbaren defizitär sind (z. B. Aristoteles, *Pol.* I 2, 1253a 31–34). Die Stoiker halten derlei sexistische und rassistische Überzeugungen für inakzeptabel.[40] Statt auf Unterschiede zu achten, sollen wir unsere Gefühle der Verbundenheit kultivieren. Der Stoiker Hierokles empfiehlt, man möge sich vorstellen, im Zentrum von Kreisen unterschiedlicher Größe zu stehen. Im innersten Kreis befindet man sich selbst, der nächst größere Kreis schließt die engste Familie mit ein, der nächste die weitere Familie wie Tanten, Onkel, Cousinen und Cousins, der nächste die Nachbarn, der nächste den Herkunftsort und das gesamte Land usw., bis man schließlich am äußersten Kreis angelangt, der alle Menschen umfasst. Das Ziel besteht darin, die Verbundenheit, die sich bei den nächsten Angehörigen noch von selbst einstellt, stufenweise auf die weiteren Kreise auszudehnen, bis man schließlich das Wohl aller Menschen für ebenso wichtig erachtet wie sein eigenes (Hierokles bei Stob. 4.671,7–673,11 = LS 57 G).

In den Quellen finden sich allerdings auch Aussagen, die weniger inklusiv klingen. Bisweilen heißt es, dass ausschließlich die Weisen Bürger der Kosmopolis seien, denn nur sie lebten frei und in Freundschaft miteinander (Stob. II 108.15–18). Meinten die Stoiker also, dass sich die Weisen zu einer separaten Polis zusammenschließen mögen? Malcolm Schofield schlägt vor, dass die Stoiker tatsächlich eine solche politische Vision entwarfen.[41] Im Gegensatz dazu sieht Katja Vogt in derartigen Formulierungen eine ethische Aufforderung: Der einzelne Mensch steht unter dem Anspruch, nicht nur ein Bewohner der Welt zu sein, sondern ihr *Bürger* zu werden. Um Bürger der Kosmopolis zu werden, muss man die natürliche Ordnung des Kosmos als die einzig verbindlichen Regeln begreifen.[42] Der stoische Kosmopolit sieht also nicht nur alle Mitmenschen als Teil einer großen Gemeinschaft an. Er begreift auch, dass er Bürger des Kosmos und somit nicht den Konventionen einer bestimmten Gesellschaft und Zeit, sondern nur dem Standard der Vernunft verpflichtet ist.

Nachwirkung

Die Stoa bestand offiziell bis zum Jahr 529, dem Jahr, in dem Kaiser Justinian (um 482–565 n. Chr.) die heidnischen Philosophenschulen in Athen schloss. Als aktive Schule existierte sie jedoch vermutlich nur bis zum Ende des 2. Jahrhunderts n. Chr. Im Jahr 176 n. Chr. hatte Marc Aurel noch einen Lehrstuhl für stoische Philosophie in Athen eingerichtet. Aber es gibt keine Hinweise darauf, dass es im 3. Jahrhundert n. Chr. noch Vertreter der Schule gab, die stoischen Philosophieunterricht erteilt oder sich aktiv mit anderen Philosophenschulen auseinandergesetzt hätten. Der Einfluss der Stoa endet allerdings keineswegs zu dieser Zeit, sondern erstreckt sich bis in die Gegenwart. Die Wirkungsgeschichte der Stoa wird in neuerer Zeit immer detaillierter erforscht.[1] Hier müssen wir uns mit wenigen Beispielen begnügen.

Spätantike

Der Einfluss stoischer Theorien ist bis zum Ende der Antike nachweisbar. Die intensive Rezeption der Stoiker in der Spätantike ist auch daran erkennbar, dass aus dieser Zeit einige unserer wichtigsten Quellen stammen, nämlich die Kritik stoischer Theorien durch Platoniker und Skeptiker sowie die Darstellungen von Diogenes Laertius (3. Jh. n. Chr.) und Johannes Stobaios (5. Jh. n. Chr.).

Die Neuplatoniker, die etwa ab dem 3. Jahrhundert die philosophische Debatte dominierten, sehen in der Philosophie der Stoa vermutlich den deutlichsten Widerspruch zu ihrem eigenen Ansatz. Doch trotz der erheblichen Differenzen greifen sie einige Aspekte des Stoizismus positiv auf. Porphyrius (um 233 – um 301/305 n. Chr.) schreibt sogar ausdrücklich, in der Philosophie seines Lehrers Plotin seien zahlreiche stoische Lehrmeinungen verborgen (Porphyrius, *Vita Plotini*, § 14, 4–5). Der stoischen Physik und Epistemologie stand Plotin sicherlich ablehnend gegenüber. Aber vermutlich fand er die stoischen Positionen zu moralischer Verantwortung und zum Verhältnis von Tugend und Glück überzeugend. Auch einige der späteren Neuplatoniker beziehen sich ausdrücklich auf die Stoa.[2] Noch Simplikios (um 480/490 – nach 560 n. Chr.) bespricht in seinen Kommentaren zu Aristoteles immer wieder stoische Positionen. Seine Kenntnisse der hellenistischen Stoa bezieht er allerdings nicht mehr aus den Originalwerken, sondern aus Darstellungen von Porphyrius, die heute verloren sind. In seinem Kommentar zu Epiktets *Handbüchlein* würdigt er viele Grundsätze der stoischen Ethik und präsentiert sie als ideale Vorbereitung auf ein Studium der platonischen Philosophie.

Die stoische Philosophie übte auch Einfluss auf jüdische Autoren im griechischen Kulturkreis aus. Zu ihnen zählt Philon von Alexandria (Ende 1. Jh. v. Chr. – Mitte 1. Jh. n. Chr.), der einerseits mit stoischen und platonischen Begriffen und Ansätzen operiert, andererseits die Eigenheiten und Vorzüge der jüdischen Tradition betont. Weitere möglicherweise vom Stoizismus beeinflusste Autoren waren die Verfasser des Neuen Testaments. Sie verwenden – anders als etwa Philon – nicht das technische Vokabular des Stoizismus. Doch in den Paulusbriefen, in der Apostelgeschichte und im Johannesevangelium finden sich Anklänge auf stoische Lehrinhalte. Eine Stelle in der Apostelgeschichte (Act 17:28) wurde sogar als Zitat des stoischen Dichters Aratos von Soloi identifiziert.[3] Richard Sorabji vermutet zudem, dass die christliche Lehre der sieben Todsünden auf die stoische Emotionstheorie zurückgeht.[4]

Bei Augustinus (354–530 n. Chr.) sind deutliche stoische Einflüsse erkennbar. Augustinus ist in erster Linie Neuplatoniker, doch er setzt sich auch intensiv mit der Stoa auseinander und entwickelt häufig Synthesen aus platonischen und stoischen Positionen. In seinem Spätwerk grenzt er sich allerdings von der Stoa ab. Dort vertritt er die mit der stoischen Ethik unvereinbare Position, dass vollendete Tugend und Glückseligkeit letztlich von Gott abhängen.[5]

Mittelalter

Ein markantes Ereignis, das häufig als Enddatum der Antiken Philosophie genannt wird, ist die Schließung der platonischen Akademie und der weiteren heidnischen Philosophenschulen in Athen durch den römischen Kaiser Justinian im Jahr 529 n. Chr. In den folgenden Jahren des Mittelalters bleiben stoische Theorien weit verbreitet. Es ist aber nicht immer möglich, stoische Einflüsse verlässlich zu identifizieren. Dies liegt zum einen daran, dass sich kein mittelalterlicher Autor als ›Stoiker‹ begreift oder seine Theorie ›stoisch‹ nennt (demgegenüber vertreten viele mittelalterliche Autoren explizit ›aristotelische‹ oder ›platonische‹ Positionen).[6] Zum anderen gingen die mittelalterlichen Autoren äußerst eklektisch vor. Sie griffen einzelne

Theoriestücke auf, isolierten sie aus ihrem ursprünglichen Kontext und vermischten sie mit anderen Elementen, insbesondere mit dem Neuplatonismus. Die stoische Philosophie war im Mittelalter somit »überall und nirgendwo«.[7]

Eine wichtige Figur für die Überlieferung von Epiktet und Marc Aurel ist der byzantinische Erzbischof Arethas (um 850–935 n. Chr.). Arethas verfügte über eine bedeutende Bibliothek, in der sich aller Wahrscheinlichkeit nach eine Ausgabe von Epiktets *Diatriben* befand. Zudem besaß er nachweislich eine Ausgabe von Marc Aurels *Meditationen*. Das einzige mittelalterliche Manuskript von Epiktets *Diatriben*, das wir besitzen, könnte eine Kopie der Ausgabe sein, die in Arethas' Besitz war.[8]

Epiktet war auch in der arabischen Welt bekannt. Der erste große arabische Philosoph, al-Kindi (um 800 – nach 870 n. Chr.), soll wiederholt aus Epiktets *Handbüchlein* zitiert haben, wobei er auf arabische Übersetzungen zurückgegriffen haben muss. Wir wissen dabei nicht, ob eine arabische Gesamtübersetzung des *Handbüchleins* existierte, oder ob Auszüge daraus in Kompilationen enthalten waren. Die Stoiker waren den arabischen Autoren vermutlich aber auch deswegen bekannt, weil viele Texte der griechischen Philosophie ins Arabische übersetzt worden waren, die sich kritisch mit stoischen Theorien befassten, beispielsweise Werke des Aristotelikers Alexander von Aphrodisias.

Im lateinischen Mittelalter hatten die Schriften von Cicero und Seneca großen Einfluss. Den christlichen Autoren missfielen zwar viele stoische Lehrmeinungen, etwa die Gleichsetzung von Gott mit Feuer, die pantheistischen Tendenzen und die korporalistische Seelenkonzeption.

Trotzdem eigneten sie sich Elemente der stoischen Ethik an, meist ohne ihre Quellen kenntlich zu machen. Häufig wird die mittelalterliche Naturrechtslehre auf stoische Einflüsse zurückgeführt, bisweilen auch die Theorien zum Gewissen.[9] Ein direkter Einfluss ist nicht unwahrscheinlich: Im 9. und 10. Jahrhundert wurden Cicero und Seneca in den Klöstern intensiv kopiert und daher vermutlich auch interessiert gelesen.

Bei Petrus Abaelardus (1079–1142) sind stoische Einflüsse besonders gut greifbar. Seine Schrift *Collationes* (auch bekannt unter dem Titel *Gespräch eines Philosophen, Juden und Christen*) schildert einen fiktiven Disput dreier Gesprächsteilnehmer über das glückliche Leben. Der Philosoph wird dabei als arabischer Muslim charakterisiert (§ 39) – vermutlich, weil Abaelard muslimische Gesellschaften für intellektuell freier und fortschrittlicher hielt als christliche.[10] Abaelard legt diesem fiktiven Philosophen eine Reihe von Überzeugungen in den Mund, die stoischer Prägung sind: Er bestimmt die Tugend als einzige Voraussetzung für das glückliche Leben, betont die Einheit der Tugenden und bestreitet, dass es abgeschwächte Grade von Tugendhaftigkeit gibt. Er rühmt Seneca als besten Morallehrer (§ 81) und b ezeichnet Cato den Jüngeren als gerecht, weil er das Wohl der Gemeinschaft priorisiere (§ 131). Obwohl der Philosoph recht arrogant gezeichnet wird – gleich zu Beginn (§ 3) betont er, die Juden seien dumm, die Christen verrückt (*Iudeos stultos, Christianos insanos*) – erscheint die von ihm vorgetragene Position in einem auffallend positiven Licht. Dass der Philosoph ausgerechnet eine stoische Sichtweise vertritt, ist vermutlich auch der Tatsache geschuldet, dass Abaelards zentrale antike Quellen Cicero und Seneca waren.[11]

In der Schrift *Ethica seu Scito te ipsum* (›*Ethik oder Erkenne dich selbst*‹) entwickelt Abaelard eine internalistische Ethik: Moralisch gut oder schlecht sind nicht Handlungen, sondern nur die Intentionen, die wir bei unseren Handlungen verfolgen. Intentionen bestimmt Abaelard dabei als Zustimmung (*consensus*). Seine Überlegungen hierzu sind eng mit der stoischen Theorie der Zustimmung (*synkatathesis, adsensio*) verwandt.

Der Einfluss von Cicero und Seneca auf die lateinische mittelalterliche Philosophie wird um das 12. und 13. Jahrhundert relativiert. In dieser Zeit verbreiten sich im lateinischen Raum Übersetzungen von Aristoteles aus dem Arabischen. Besonders die Philosophie des Thomas von Aquin (um 1225–1274) ist stark vom aufkeimenden Aristotelismus beeinflusst. Bereits zuvor war Aristoteles für viele jüdische und muslimische Philosophen die zentrale Autorität geworden, etwa für Averroes (1126–1198) und Moses Maimonides (1138–1204). Nachdem Aristoteles' Texte auf Latein verfügbar waren, prägten sie auch die lateinische mittelalterliche Philosophie.[12]

15.–17. Jahrhundert

Ab dem 15. und 16. Jahrhundert erwacht in Europa ein neues Interesse an der griechischen und römischen Antike. Neben Aristoteles werden viele andere antike Autoren verstärkt rezipiert. Der Einfluss stoischer Lehren lässt sich in dieser Epoche konkreter nachvollziehen. Viele Autoren verweisen ausdrücklich auf die Stoa oder auf einzelne Stoiker. Im westlichen Europa waren die Stoiker zunächst weiterhin vorwiegend über die Texte Ciceros und Senecas zugänglich. Um das Jahr 1450 wurde jedoch auch Epiktets *Handbüchlein* erstmals ins Lateinische übersetzt. Eine zweite Übersetzung, erstellt von Angelo Poliziano (genannt Politan, 1454–1494), erschien 1479 und fand schnell weite Verbreitung. Auch andere Texte, die stoische Lehrmeinungen enthalten, wurden nach und nach ins Lateinische übertragen, unter anderem Werke von Sextus Empiricus und Plutarch sowie Diogenes Laertius' *Leben und Meinungen der Philosophen.*

Die weite Verbreitung der Texte verdankte sich auch der Tatsache, dass in diesem Jahrhundert der Buchdruck erfunden worden war. Ciceros *Paradoxa Stoicorum* (›*Stoische Paradoxien*‹) und *De officiis* (›*Über die Pflichten*‹) gehörten zu den ersten Büchern überhaupt, die gedruckt wurden. Sie erschienen im Jahr 1465. Nur wenige Jahre später wurden weitere Bücher von Cicero, Seneca und das Werk von Diogenes Laertius gedruckt. Die Erstellung von Druckausgaben erforderte eine intensive Auseinandersetzung mit dem Material. Mit dem Buchdruck entstand daher auch die moderne Kommentar- und Editionsarbeit. Erasmus von Rotterdam (um 1466/1469–1536) erstellte zwei Editionen von Senecas Werken, die im Jahr 1515 und 1529 erschienen. (Offenbar hielt er die erste Edition im Nachhinein für korrekturbedürftig.) Im Vorwort zur zweiten Edition forderte er andere Gelehrte auf, die von ihm verfassten Anmerkungen zu ergänzen und Senecas Schriften ausführlich zu kommentieren. Dieser Einladung kam unter anderem Johannes Calvin (1509–1564) nach, der einen Kommentar zu Senecas Schrift *De clementia* (›*Über die Milde*‹) verfasste.

Der flämische Gelehrte Justus Lipsius (1547–1606) nimmt in der stoischen Rezeptionsgeschichte in zweifacher Hinsicht eine Sonderstellung ein.[13] Er war klassischer Philologe, der Werke von Tacitus (um 58 – um 120 n. Chr.) und Seneca edierte. Im Jahr 1604 veröffentlichte er ein zweibändiges Handbuch zur Stoa, das eine Sammlung von Fragmenten und Zeugnissen enthielt. Diese erste systematische Anordnung der Texte erlaubte einen neuen Zugriff auf die Philosophie der antiken Stoa. Lipsius kann daher mit gewissem Recht als Begründer der modernen Stoa-Forschung bezeichnet werden. Neben seiner editorischen Tätigkeit war er aber auch philosophischer Autor. Sein berühmtestes Buch, *De Constantia* (›*Über die Standhaftigkeit*‹), wurde zum Grundlagenwerk für eine neostoische Bewegung, die auch einige Jahrzehnte nach Lipsius' Tod fortbestand. Die Bewegung strebte eine Synthese aus Stoa und Christentum an. Lipsius und die weiteren Vertreter der neostoischen Bewegung blieben bis zum 20. Jahrhundert die einzigen Rezipienten der stoischen Philosophie, die sich ausdrücklich als Stoiker bezeichneten.

Lipsius' Freund Kaspar Schoppe (Caspar Scioppus, 1576–1649), ein Denker der Gegenreformation, war weniger an der historischen Auseinandersetzung mit den Stoikern interessiert als daran, eine christliche Version der stoischen Ethik an katholischen Schulen zu lehren. Weitere Vertreter der neostoischen Bewegung waren Pierre Charron (1541–1603), Guillaume Du Vair (1556–1621), Francisco de Quevedo (1580–1645) und Thomas Gataker (1574–1654). Gataker versuchte, Parallelen zwischen den Reflexionen Marc Aurels und der Bibel aufzuzeigen. Er verfolgt aber durchaus auch ein historisches und philologisches Interesse. Seine kommentierte Ausgabe zu Marc Aurels *Meditationen* aus dem Jahr 1652 ist 400 Seiten stark und enthält umfangreiches Material zur frühen Stoa.

Mitte 17. – Mitte 18. Jahrhundert

Im 17. und 18. Jahrhundert entstanden detaillierte Überblickswerke zur Philosophiegeschichte. In ihnen nimmt die Stoa einen auffällig großen Raum ein. In manchen Darstellungen wird sie sogar ausführlicher behandelt als Platon und Aristoteles.[14] In dieser Zeit setzen sich alle Philosophen von Rang und Namen intensiv mit den Stoikern auseinander. Doch während die Neostoiker noch eine Synthese aus Christentum und Stoizismus entwickelten, wurden die Stoiker nun zunehmend aus einer christlichen Perspektive heraus kritisiert. Blaise Pascal (1623–1662) hält beispielsweise das stoische Glücksideal für arrogant. Er betont, dass das menschliche Glück nicht in der eigenen Macht liegt, wie Epiktet dies nahelege, sondern von Gottes Gnade abhängt. Ralph Cudworth (1617–1688) identifiziert sogar eine der Hauptformen des Atheismus als »Stoical«. Cudworth betont zwar, dass die Stoiker auch als Theisten gelesen werden müssen. Doch sie werden fortan zunehmend als Atheisten eingeordnet. John Sellars weist darauf hin, dass die Einordnung der Stoiker als Atheisten seit dieser Zeit eng mit dem Atheismus-Vorwurf an Spinoza verwoben ist.[15]

Somit kommen wir zu Baruch de Spinoza (1632–1677), der vielleicht mehr als jeder andere Autor der Frühen Neuzeit mit der Stoa in Verbindung gebracht wird. Tatsächlich kommt seine Philosophie dem stoischen Gesamtentwurf erstaunlich nah. Sein Hauptwerk, die *Ethik* (1677 posthum erschienen), ist extrem ambitioniert. Spinoza entwickelt darin eine revisionistische Theorie über Gott und die Natur, über menschliche Empfindungen und das gute Leben. Obwohl Spinoza die Stoiker darin nur sporadisch erwähnt (an einer Stelle nennt er Seneca, an einer anderen die stoische Emotionstheorie), sind die Ähnlichkeiten zur stoischen Philosophie unverkennbar. Spinoza identifiziert Gott und Natur, bezeichnet Gott als die einzige Ursache und beschreibt eine deterministische kausale Vernetzung aller Dinge. Glück ist seiner Meinung nach für den Menschen nur möglich, wenn er Wissen erwirbt und sich als Teil des Naturganzen versteht.

In einigen Punkten weicht Spinoza aber auch erheblich von stoischen Überzeugungen ab. Beispielsweise hält er es für unzulässig, von einem freien menschlichen Willen zu sprechen. Zudem ist seine Kritik an teleologischen Welterklärungen vernichtend; es ist schwer vorstellbar, wie sie mit der stoischen Lehre der göttlichen Lenkung des Kosmos in Einklang gebracht werden könnte. In der Forschung ist daher umstritten, ob Spinozas Philosophie tatsächlich stoisch geprägt ist, oder die Ähnlichkeiten rein äußerlich sind. Spinozas Zeitgenossen haben offenbar weniger Zweifel. Leibniz bezeichnet ihn als Anführer einer neuen stoischen Sekte. Und in der von Diderot und d'Alembert herausgegebenen *Encyclopédie* heißt es, Spinoza unterscheide sich von den Stoikern nur in seiner Zurückweisung der göttlichen Vorsehung.[16]

Kant verfügt über ausgezeichnete Kenntnisse der stoischen Philosophie, die er sich bereits in seiner Gymnasialzeit angeeignet hatte. Er befasst sich in seinem Werk häufig mit der stoischen Ethik, unter anderem an prominenten Stellen der *Grundlegung zur Metaphysik der Sitten* und der *Kritik der praktischen Vernunft*. Kant bewertet einige Elemente der stoischen Theorie überaus positiv, insbesondere ihre Überlegungen zum Begriff der Pflicht. Vermutlich ist die hervorgehobene Stellung des Pflicht-Begriffs in Kants Ethik sogar seiner Auseinandersetzung mit den Stoikern geschuldet.[17] Andere zentrale Elemente der stoischen Ethik lehnt Kant dagegen rundheraus ab. Er kritisiert die stoische Charakterisierung des Weisen, bei der die Stoiker seiner Ansicht nach die menschliche Natur verkennen. Kant hält es für ausgeschlossen, dass ein Mensch innerhalb seiner Lebensspanne die volle Tugend erreicht, wie dies die Stoiker mit Blick auf den Weisen annehmen. Möglich sei für den Menschen nur eine stetige Annäherung an die Tugend. Darüber hinaus hält Kant den stoischen Glücksbegriff für fehlerhaft: Die Stoiker reduzieren seiner Ansicht nach die Glückseligkeit auf einen intellektuellen Zustand der Zufriedenheit mit sich selbst und der eigenen moralischen Vervollkommnung. Das menschliche Glück habe jedoch eine starke sinnliche Komponente. Diese wird seiner Meinung nach von den Stoikern fälschlich vernachlässigt.

Bei Moses Mendelssohn (1729–1786) finden sich immer wieder Bemerkungen zu den Stoikern. In seiner Schrift *Anfangsgründe der Sittenlehre* zitiert er aus Marc Aurels *Selbstbetrachtungen* eine Passage, der zufolge sich aus der gemeinsamen Vernunftnatur der Menschen ergibt, dass wir alle denselben normativen Gesetzen unterstehen (IV. 4). Mendelssohn fügt hinzu: »Nichts ist meines Erachtens deutlicher und bündiger, als dieser Schluß.« In anderen Passagen fällt seine Einschätzung jedoch negativ aus: In den *Briefen über die Empfindungen* (1755) weist er beispielsweise die stoische Verteidigung des Suizids scharf zurück.

In den philosophiegeschichtlichen Darstellungen wird seit Ende des 18. Jahrhunderts der Blick auf die Stoiker insgesamt kritisch. Besonders in Deutschland verengt sich der Blick auf die griechische Antike und konzentriert sich fast ausschließlich auf Platon und Aristoteles. Die stoische Philosophie wird dabei häufig als minderwertig kritisiert. Im Vergleich zu Platon und Aristoteles, so hieß es, sei sie wenig überzeugend: Aufgrund ihrer ›materialistischen‹ Ausrichtung sei sie nicht tiefgründig, aufgrund ihrer ›empiristischen‹ Tendenzen gelinge ihr keine einheitliche Perspektive. Katerina Ierodiakonou hat herausgearbeitet, dass diese negative Sicht auf die klassizistischen Ideale zurückzuführen ist, welche die Arbeit der Philologen, Althistoriker und Philosophen zunehmend prägten.[18] Diesem Paradigma zufolge gilt der Hellenismus insgesamt als minderwertig gegenüber der Klassik. Auffällig ist, dass philosophiegeschichtliche Darstellungen dieser Zeit die angebliche Minderwertigkeit der hellenistischen Philosophie auch damit erklären, dass ihre Vertreter aus dem Osten stammten, wo, so Zeller, »das Griechische mit Orientalischem sich berührte und vermischte«.[19]

Ein weiteres Vorurteil dieser Zeit lautete, dass die Philosophie sich mit dem Beginn des Hellenismus auf Fragen der praktischen Lebensführung beschränkt habe. Auch aus diesem Grund falle das diskursive Niveau gegenüber Platon und Aristoteles stark ab. Die Ethik habe sich auf Anwendungsfragen beschränkt, während in der Logik und Physik überhaupt keine originellen Theorien mehr entwickelt worden seien.[20]

Dass dies eine eklatante Fehleinschätzung war, wird vor allem mit Blick auf die stoische Logik deutlich. Man nahm an, dass die stoische Logik den aristotelischen Ansatz nur minimal weiterentwickelt und sich ansonsten in wertlosen Spekulationen verloren habe. Eduard Zeller schreibt, dass die stoische Logik mit einer »kleinlichen Sorgfalt« auch den »werthlosesten logischen Formen nachzugehen liebte«.[21] Die Logik habe durch Chrysipp und seine Schule, »bei aller Erweiterung ihres Umfangs, an wissenschaftlichem Gehalt ohne Zweifel mehr verloren, als gewonnen«[22]. Wie im Kapitel zur stoischen Logik erwähnt (s. S. 74), gelangte man im 20. Jahrhundert zu einer völlig neuen Bewertung. Man erkannte insbesondere, wie fundamental sich die stoische Logik von Aristoteles' Ansatz unterscheidet. Ganz im Gegensatz zu der im 19. Jahrhundert verbreiteten Sichtweise hat Jonathan Barnes zudem herausgestellt, dass die stoische Logik wohl in keiner Hinsicht vom aristotelischen Ansatz beeinflusst war.[23]

Einen äußerst bemerkenswerten Abschnitt der stoischen Rezeptionsgeschichte hat kürzlich Susanne Bobzien in ihrem vielbeachteten Aufsatz »Frege Plagiarized the Stoics« beschrieben.[24] Enge Parallelen zwischen den Fragmenten aus Chrysipps Logik und der Philosophie Gottlob Freges (1848–1925) sind ihrer Meinung nach keine zufälligen und oberflächlichen Ähnlichkeiten, sondern darauf zurückzuführen, dass Frege zentrale Theorieelemente von den Stoikern übernahm. Ihrer Ansicht nach lässt sich zeigen, dass er dafür ein Überblickswerk zur Geschichte der Logik von Carl Prantl (erschienen 1855) verwendete, das der stoischen Logik fast 100 Seiten widmet und dabei auch ausführlich aus den Quellen zitiert. Interessanterweise, so Bobzien, ist Prantls Referat durchzogen von abschätzigen Bemerkungen. Offenbar findet er die stoische Logik wenig gewinnbringend – wohl ganz im Gegensatz zu seinem Leser Frege.

Trotz der verbreiteten Vorurteile gegen die Philosophie der Stoa blühte gegen Ende des 19. Jahrhunderts die philologische Forschung zur hellenistischen Stoa auf. Einige der damals erschienenen Beiträge sind noch immer von hohem Wert. Dazu gehört auch die Zusammenstellung der Zeugnisse, die Hans von Arnim erstellte und die in der internationalen Stoa-Forschung noch heute verwendet wird.

20. Jahrhundert

Seit Mitte des 20. Jahrhunderts ist das akademische Interesse an den Stoikern so groß wie nie. Die Stoa wird zunächst in Deutschland und Frankreich, spätestens seit den 1980er Jahren aber auch im angelsächsischen Raum intensiv erforscht. Daneben ist seit Mitte des 20. Jahrhunderts auch ein starkes systematisches Interesse an der Stoa zu beobachten.

Vor allem für den französischen Existentialismus bietet sie Anknüpfungspunkte. Die Stoa ist für die Existentialisten auch deswegen attraktiv, weil sie einerseits Techniken der Lebensführung entwickelt und diese ins Zentrum der Philosophie stellt, andererseits aber ohne metaphysischen oder gar theistischen Überbau auskommt. Jean-Paul Sartre (1905–1980) bezeichnet die Stoiker in seinem Hauptwerk *Das Sein und das Nichts* (1943) sogar als Vorläufer des Existentialismus.

Auch Michel Foucault (1926–1984) befasst sich in seinem Spätwerk intensiv mit den Stoikern, insbesondere im dritten Band von *Sexualität und Wahrheit* (Kap. 2 und 5). Seine Lektüre konzentriert sich vor allem auf die römische Stoa und ist stark von Pierre Hadot (1921–2010) beeinflusst, den er wiederholt zitiert. Foucaults Hauptinteresse liegt in der ›Sorge um sich selbst‹, für die er im 1. und 2. Jahrhundert n. Chr. ein goldenes Zeitalter ausmacht. Seiner Ansicht nach haben in dieser Epoche die Stoiker die konkretesten Anleitungen zu Lebensführung und Charakterformung formuliert. Er sieht in der stoischen Sorge um sich selbst zudem ein starkes Gegengewicht zum platonischen Modell der Selbsterkenntnis, das auf einem objektiven Wissen einer transzendenten Realität beruhe. Im Gegensatz dazu ginge es den Stoikern um ein Wissen, das mit einer Transformation von Charakter und Leben verbunden ist, und das Foucault daher als spirituelles Wissen bezeichnet.

Im angelsächsischen Raum hat die Kritik an den dominierenden deontologischen und utilitaristischen Ethik-Modellen zu einer Wiederentdeckung der Tugendethik und zu einer systematischen Aneignung antiker Positionen geführt. Die meisten Autorinnen und Autoren, wie etwa Elizabeth Anscombe (1919–2001), Alasdair MacIntyre (*1929), Philippa Foot (1920–2010) oder Rosalind Hursthouse (*1943), beziehen sich dabei auf Aristoteles. Einige wenige orientieren sich jedoch an der Stoa oder nehmen zumindest einzelne Elemente der stoischen Ethik auf.

Ein Versuch, die stoische Ethik in einer zeitgenössischen Version zu verteidigen, stammt von Lawrence C. Becker (1939–2018). In seinem 1998 erschienenen Werk *A New Stoicism* identifiziert er zentrale Grundsätze der stoischen Ethik und übersetzt sie in die Lebenswelt des 20. Jahrhunderts. Einige Aspekte der stoischen Physik, insbesondere der Glaube an ein von Vorsehung geleitetes Universum, seien heute zwar nicht mehr haltbar, könnten aber adaptiert werden. Die stoische Forderung, ein Leben im Einklang mit der Natur zu führen, müsse etwa als die Forderung verstanden werden, sich an die bekannten Fakten über die menschliche Psychologie und Entwicklung zu halten. Tugend versteht Becker als eine ›ideale Akteurschaft‹ (*ideal agency*), die es ermöglicht, das bestmögliche Leben zu verwirklichen. Beckers Verständnis des stoischen Tugendbegriffs ist eng verwandt mit einer Deutungslinie zur stoischen *oikeiôsis*-Lehre, welche die Entwicklung der Tugend mit der schrittweisen Entdeckung und Entwicklung rationaler Autonomie gleichsetzt.[25] Diese Deutung ist nicht unumstritten. Ihr steht die Auffassung gegenüber, dass die ideale kosmische Ordnung und die göttliche Vorhersehung für die stoische Tugend eine zentrale Rolle spielen, zumal die Tugend letztlich darauf zielt, selbst ein Teil dieser Ordnung zu werden.[26]

Die amerikanische Philosophin Martha Nussbaum (*1947) entwickelt in ihrem 2002 erschienenen Buch *Upheavals of Thought* eine Theorie der Emotionen, die sie als neostoisch bezeichnet. Sie folgt den Stoikern darin, Emotionen rein kognitiv zu erklären: Emotionen seien dem Denken nicht entgegengesetzt, sondern rationale und evaluative Urteile über die Welt. Damit weist sie gemeinsam mit den Stoikern die ansonsten in der Philosophiegeschichte vorherrschende Annahme zurück, dass Emotionen und Vernunft einander entgegenstehen. Nussbaum folgt den Stoikern auch darin, Emotionen als Quelle für unsere Handlungsmotivationen zu beschreiben. Allerdings widerspricht sie den Stoikern auch in vielen Hinsichten. So meint sie, dass Tiere und Kinder genuine Emotionen empfinden können, was auf der Basis der stoischen Emotionstheorie ausgeschlossen ist.[27]

In ihrem Buch *The Therapy of Desire* (1994) würdigt Nussbaum die Stoiker für ihre Hochschätzung von rationaler Selbsterkenntnis und Selbstkritik. Dennoch vertritt Nussbaum insgesamt keine neostoische Position. In ihrem Werk *The Fragility of Goodness* (1986) kritisiert sie die Stoiker für ihr Tugend- und Glücksideal. Nussbaum ist der Ansicht, dass das menschliche Glück in elementarer Weise von externen Gütern abhängt und daher nicht der eigenen Kontrolle unterliegt. Damit folgt sie ausdrücklich der aristotelischen Traditionslinie. Die Stoiker ordnet sie im Gegensatz dazu der platonischen Tradition zu. Die Vertreter dieser Tradition versuchen ihres Erachtens, das menschliche Glück gegen externe Faktoren und somit gegen Schicksalsschläge zu immunisieren, indem sie die Tugend als alleinige Voraussetzung für das Lebensglück bestimmen.

Die stoische Ethik hat im 20. Jahrhundert eine starke Wirkung auf die Verhaltenstherapie entfaltet.[28] Albert Ellis (1913–2007) wandte sich in den 1950er Jahren von der Psychoanalyse ab und entwickelte eine ›philosophische‹ Methode der Therapie, die zu einer rationalen Lebensführung anleiten soll. Ellis beruft sich dabei explizit auf die Stoiker. Er behauptet sogar, er habe Epiktet zu neuer Berühmtheit verholfen. Auch Aaron T. Beck (1921–2021), der Begründer der kognitiven Verhaltenstherapie, beruft sich explizit auf die Stoiker als Inspirationsquelle. Insbesondere der zentrale Grundsatz der rationalen bzw. kognitiven Therapieansätze – nämlich, dass nicht äußere Ereignisse, sondern unsere Meinungen die Ursachen unserer Emotionen sind – stammt, wie Ellis und Beck hervorheben, ursprünglich aus der stoischen Philosophie.

Ein besonders eindrückliches Zeugnis der therapeutischen Wirkung stoischer Grundsätze ist der autobiographische Bericht des amerikanischen Offiziers James Stockdale (1923–2005). Er beschreibt, wie er seine siebenjährige Gefangenschaft im Vietnamkrieg durch die Besinnung auf die Grundsätze Epiktets heil überstand. Wichtig war für ihn insbesondere Epiktets Unterscheidung zwischen dem, was bei uns bzw. in unserem Einflussbereich, und dem, was nicht bei uns liegt.[29]

21. Jahrhundert

Im Jahr 2009 veröffentlichte der Philosoph William Irvine das Buch *A Guide to the Good Life – The Ancient Art of Stoic Joy*, das vermutlich einen wichtigen Grundstein für die gegenwärtige Popularität der stoischen Philosophie gelegt hat. Irvine kritisiert darin ein vorherrschendes Desinteresse an den antiken Stoikern. Er verweist auf Martha Nussbaum, der zufolge die antiken Stoiker im 20. Jahrhundert weniger Beachtung gefunden hätten als in »almost any other philosophical culture in the West since the fourth century B. C. E.«.[30] Das Desinteresse an den Stoikern führt

Irvine auf das hartnäckige Vorurteil zurück, die stoische Philosophie sei streng und gefühlskalt. In seinem Buch will er zeigen, dass sie zu einer optimistischen und freudvollen Lebensgestaltung anleitet.

Schon wenige Jahre später ist keine Rede mehr von Desinteresse an den antiken Stoikern. 2012 gründete sich das interdisziplinäre Projekt *Stoicism Today*, an dem Experten der antiken Philosophie mit Psychotherapeuten zusammenarbeiten, um die lebenspraktischen und therapeutischen Werkzeuge der Stoa breit zugänglich zu machen.[31] Mitglied dieses interdisziplinären Netzwerks ist Donald Robertson, ein praktizierender Verhaltenstherapeut, der in seinem Buch *Stoicism and the Art of Happiness* (2013) ›psychische Übungen‹ für eine stoische Lebensführung vorstellt.

Besondere Bekanntheit in der Szene der ›Modern Stoics‹ erlangte Ryan Holiday (*1987): Sein Buch *The Obstacle Is the Way* (2014) – der Titel ist ein Zitat aus den *Meditationen* von Marc Aurel – verkaufte sich mehr als eine Million Mal. Stoische Lebensratgeber erscheinen noch immer in großer Zahl.[32] Vielerorts gibt es regelmäßige Treffen von ›modernen Stoikern‹, die gemeinsam ihre stoische Praxis reflektieren.

Eine verbreitete Kritik am Stoizismus lautet, er sei unpolitisch. Er vermittle exzellente Werkzeuge zum Umgang mit individuellen Problemen, etwa mit existentiellen Ängsten, Enttäuschungen oder Verlusterfahrungen, nicht jedoch Empathie mit dem Leid anderer oder die Motivation für das entschlossene Engagement gegen strukturelle Ungerechtigkeit.[33] Eine deutliche Kritik an der modernen Rezeption der stoischen Philosophie formuliert auch Donna

Zuckerberg in ihrem lesenswerten Buch *Not All Dead White Men* (2018). Darin schildert sie, dass die antiken Stoiker in äußerst bedenklichen Kreisen zunehmend beliebt werden, insbesondere bei Rassisten und Anti-Feministen, die in der stoischen Philosophie einen Beweis für die Überlegenheit der europäisch-weißen Kultur und eine Manifestation maskuliner Werte erkennen wollen. Zuckerberg geht dabei auch hart mit Ryan Holiday ins Gericht, dessen Bücher in antifeministischen Kreisen hohe Popularität genießen und den sie für rechte und rechtsextreme Aneignungen des Stoizismus mitverantwortlich macht. Sie kritisiert zudem, dass Holiday die individuelle Verantwortung für Erfolg und Misserfolg überbetone und dabei vernachlässige, dass strukturelle Ungerechtigkeiten, etwa systemischer Rassismus, für Biographien eine entscheidende Rolle spielen.

Angesichts der eklektischen Auswahl stoischer Grundsätze und ihrer Vermischung mit anderen therapeutischen, philosophischen oder spirituellen Traditionen stellt sich zudem die Frage, ob in der modernen stoischen Praxis überhaupt genuine Elemente der antiken Stoa enthalten sind. Die Philosophie der antiken Stoa war als Gesamtsystem konzipiert. Einzelne Inhalte lassen sich zwar isoliert betrachten, sie verlieren ohne ihre Einbindung in das Gesamtsystem jedoch häufig ihre argumentative Rechtfertigung (vgl. Cicero, *De fin.* 3.74). Der Einfluss der Stoa in allen Epochen der Philosophiegeschichte zeigt allerdings, dass es nicht nötig ist, das stoische System vollständig zu übernehmen, um es für sich fruchtbar zu machen.

Stoizismus und Buddhismus

Der Stoizismus besitzt große Ähnlichkeiten mit Elementen des Buddhismus. Vor allem spielt bei beiden der Grundsatz eine wichtige Rolle, dass unser Leid auf Fehleinschätzungen der Welt beruht oder durch die Überbewertungen externer Dinge verursacht wird. Auch in ontologischen und erkenntnistheoretischen Fragen gibt es enge Parallelen. Für die buddhistische Praxis ist es beispielsweise zentral, die eigenen Reaktionen auf äußere Reize zu verlangsamen und bewusst zu steuern. Zudem betonen Buddhisten die kausale Vernetzung aller Dinge. Sogar die stoische Lehre vom zyklisch wiederkehrenden Weltenbrand hat ein Pendant in der buddhistischen Philosophie. Dies wirft die Frage auf, ob die hellenistischen Stoiker vom Buddhismus oder allgemeiner von indischer Philosophie beeinflusst waren. Hierfür gibt es derzeit keine festen Belege. John Sellars hat jedoch Hinweise zusammengestellt, die vielfältige Interaktionen zwischen hellenistischen und indischen Philosophen bezeugen und insbesondere eine gegenseitige Wertschätzung nahelegen.[34]

Wir wissen beispielsweise, dass Alexander der Große eine Expedition nach Indien unternahm, bei der ihn eine Gruppe von griechischen Philosophen begleitete, unter anderem Pyrrhon von Elis und ein Kyniker namens Onesikritos. Sie trafen in Indien auf die sogenannten Gymnosophisten (›nackte Weise‹), bei denen es sich möglicherweise um Buddhisten handelte. Das Treffen soll Pyrrhons Philosophie maßgeblich beeinflusst haben (Diog. Laert. 9.61). Berichte über die Begegnungen gelangten in Griechenland sicherlich auch zu den Gründern der später aufkeimenden hellenistischen Schulen. Strabon (um 63 v. Chr. – um 23 n. Chr.) erwähnt zudem ein Treffen zwischen Oneskritos und dem indischen Weisen Mandanis, in dem die beiden Ähnlichkeiten zwischen griechischen und indischen Philosophen besprachen (Strabon 15.1.65). Einem weiteren antiken Zeugnis zufolge kannte und schätzte Zenon die indische Praxis der Selbstverbrennung (Clemens von Alexandria, Strom. 2.20 = SVF 1.241).

Möglicherweise fanden die Interaktionen zwischen buddhistischen und hellenistischen Philosophen nicht nur auf indischem Territorium statt. König Ashoka (304–232 v. Chr.), der im 3. Jahrhundert v. Chr. das Gebiet an der Grenze zum hellenistischen Großreich regierte, trug maßgeblich zur Verbreitung des Buddhismus bei. Er soll einer Inschrift zufolge buddhistische Delegationen zu den Griechen gesandt haben. Einige Teilnehmer dieser Delegationen waren Griechen, die sich in Indien angesiedelt und dort dem Buddhismus angeschlossen hatten. Ob in der Folge buddhistische Gemeinden in Griechenland entstanden sind, ist in der Forschung umstritten. Ebenso wenig wissen wir, ob die hellenistischen Philosophen durch ihre Begegnungen mit Buddhisten inhaltlich beeinflusst wurden. Die Hinweise auf die vielfältigen Interaktionen lassen aber die Vermutung zu, dass die Parallelen zwischen Stoizismus und Buddhismus bereits in der Antike bekannt waren.

Anmerkungen

Einleitung: Stoische Philosophie – ein erster Überblick

1 Die Stoiker sind dem Ideal der Affektfreiheit verpflichtet. Die Epikureer sind dem Ideal der Unerschütterlichkeit verpflichtet, das diesem Ideal oberflächlich ähnelt, aber mit bestimmten Emotionen kompatibel ist. Zur epikureischen Position vgl. Erler 2016, S. 68–70. Zur epikureischen Erkenntnistheorie vgl. Hahmann 2015 sowie den Abschnitt ›Die erkenntnistheoretische Wende im Hellenismus‹ im Kap. zur stoischen Logik, S. 48–53.
2 Vogt 2008, S. 76–86.
3 Sextus Empiricus bezeichnet allerdings sogar die akademischen Skeptiker als Dogmatiker (vgl. *PH* 1,1 ff.). Diesen Hinweis verdanke ich K. Hülser.
4 Epikurs *Brief an Herodot* legt nahe, dass ein Anspruch an Autoritäten darin bestand, alle Mitglieder der Gemeinschaft überzeugen zu können, einschließlich der weniger gebildeten. Doktrinale Autorität ist somit bei den Epikureern keineswegs mit der Erwartung blinden Gehorsams gleichzusetzen. Ich danke K. Hülser für diesen Hinweis.
5 Ierodiakonou 1993.
6 Nussbaum 1994, S. 353 f.; Hadot 1991.
7 Mansfeld 2003.

Geschichtlicher Überblick

1 Sedley 2003, S. 23 f. Sellars 2006, S. 10. Einen knappen Überblick zur Schulgeschichte bietet Tieleman 2018, S. 677–680; ausführliche Darstellungen finden sich bei Sedley 2003; Dorandi 1999a und 1999b.
2 Brennan 2005, S. 23–25.
3 Vgl. Anm. 1.

4 Dorandi 1999a, S. 42.
5 Ramelli 2009, S. xxvi.
6 Kritik an der hier geschilderten Sichtweise findet sich bei Ludlam 2003.
7 Sedley 2003, S. 28 f.
8 Betegh 2000, S. 32.
9 Sellars 2006, S. 25–30.
10 Betegh 2000, S. 33 f.

Logik

1 Barnes 1997; Crivelli 2007.
2 Vgl. Frede 1994, S. 13; Long 1974, S. 138.
3 Łukasiewicz 1935, Mates 1961 und Frede 1974.
4 Burnyeat 1980, S. 186 f.
5 Schwab 2016.
6 Vogt 2012, Kap. 3; gegen diese mehrheitlich geteilte Auffassung wandte sich wiederholt Gail Fine, vgl. etwa Fine 1990.
7 Lorenz 2014, S. 290 f.
8 Schwab [Im Erscheinen].
9 Vogt 2012; Vogt 2014a.
10 Der Skeptiker Sextus Empiricus verweist auf den Vorsokratiker Xenophanes als eine frühe Quelle des Skeptizismus, vgl. Sext. Emp. *M* 7.49. Mitzi Lee vermutet, dass Platon und Aristoteles auf erste skeptische Tendenzen bei Protagoras und Gorgias reagieren, vgl. Lee 2005; Lee 2010.
11 Bett 2000; Vogt 2012, Kap. 4; Vogt 2015.
12 K. Hülser wies mich darauf hin, dass die haptische Terminologie, der zufolge Erkennen (*katalambanein*) und die Erkenntnis (*katalêpsis*) ein festes Zupacken, Erfassen oder Begreifen darstellen (*lambanein, lêpsis*), eine stoische Neuerung war, die schon Zenon von Kition eingeführt hat. Die Metaphorik impliziert Hülser zufolge, dass das Erfasste beim Zugriff gewissermaßen ›nicht zerbröselt‹; es ist erfassbar, die Vorstellung insofern ›erfassend‹ und demnach für eine Erkenntnis ›tauglich‹ (*katalêptikê*). Hülser

spricht daher in seinen Übersetzungen konsequent von ›erkenntnistauglichen‹ Vorstellungen.

13 Ierodiakonou 2014, S. 441.
14 Sedley 2002; Shogry 2018.
15 Frede 1999, S. 302.
16 Ebd., S. 306.
17 Sellars 2006, S. 69 f.
18 Brittain 2006.
19 Vasiliou 2019.
20 Vogt 2014a, S. 490 f.
21 Dies liegt auch daran, dass die Stoiker keine hierarchische Metaphysik vertreten, in der gewisse Prinzipien oder Ursachen verglichen mit anderen Dingen einen höheren oder fundamentaleren Status innehaben.
22 Frede 1999, S. 321.
23 Siehe vor allem Łukasiewicz 1935.
24 Bei Aristoteles kommen in den Prämissen keine Eigennamen vor. Sie zuzulassen und z. B. zu argumentieren ›Alle Menschen sind sterblich; Sokrates ist ein Mensch; also ist Sokrates sterblich‹, war eine Modifikation späterer Zeit.
25 Aristoteles streifte aussagenlogische Schlüsse in seiner Topik. Auch Theophrast arbeitete zu aussagenlogischen Schlüssen, aber bei weitem noch nicht in derselben Systematik, wie es die Stoiker taten.
26 Łukasiewicz 1935.
27 Frede 1979.
28 Bobzien 1999, S. 95 f.
29 Ebd., S. 106–108.
30 Ebd., S. 85 f.
31 Frede 1974; Bobzien 1986.
32 Bobzien 1999, S. 116 f.
33 Ebd., S. 123 f.
34 Ebd., S. 134 f.
35 Ebd., S. 133; Ierodiakonou 2014, S. 450.
36 Bobzien 1999, S. 157.
37 Ebd., S. 167–170.

38 Ebd.
39 Vogt 2012, Kap. 7.
40 Bobzien 1999, S. 172.
41 Ebd., S. 163.

Physik

1 Vgl. White 2007, S. 54–62; Tieleman 2018, S. 683, 692–695.
2 Anders Annas 2007.
3 Vogt 2008, Kap. 3.
4 Wildberger 2006, S. 268–270.
5 Die Naturforschung stellte für die Epikureer dennoch keine Nebensache dar. Epikur befasste sich zeitlebens mit physikalischen Fragen. Zum Stellenwert der Physik bei Epikur vgl. Rapp 2016, S. 104–109.
6 White 2007, S. 41.
7 Long 1974, S. 154; Bailey 2014, S. 254 f.
8 Sambursky 1959; zur Kritik s. White 2003, S. 134.
9 Jedan 2009, S. 10; Vogt 2009, S. 137; Vogt 2018, S. 72; Marmodoro 2017a, S. 156.
10 Brunschwig 2003, S. 210; Sedley 1999, S. 383; Vogt 2009.
11 Vogt 2009, S. 142.
12 Ebd., S. 143.
13 Brunschwig 2003, S. 211.
14 de Harven 2018, S. 1–7.
15 Ebd., S. 4.
16 Ebd., S. 4 f.
17 Sambursky 1959.
18 Marmodoro 2017a, S. 159–161.
19 Brunschwig 2003, S. 122.
20 Sellars 2006, S. 90; einen Überblick über die Forschung bietet Wildberger 2006, Bd. II, S. 459 f.
21 Vgl. Todd 1976.
22 de Harven 2018, S. 14 f.
23 Ebd., S. 15.

24 Ebd.
25 Vgl. auch Marmodoro 2017b.
26 Wildberger 2006, Bd. I, S. 13.
27 de Harven 2018, S. 6.
28 Vgl. Baltzly 2003.
29 Vogt 2018, S. 66.
30 Ebd., S. 74.
31 Frede 1987, S. 132.
32 Vgl. Marc Aurel, *Med.* IX 37,2.
33 Vogt 2018, S. 73.
34 Meyer 2009, S. 76.
35 Brunschwig 2003, S. 219; Frede 1987, S. 136–138; Meyer 2009, S. 77; Gourinat 2018.
36 Vogt 2018.
37 Bailey 2014.
38 Offenbar gab es innerhalb der Stoa Kontroversen zu diesem Thema, vgl. Tieleman 2014.
39 Die stoische Theorie der Zeit ist allerdings komplex; Ricardo Salles schreibt an einer Monographie zu diesem Thema. Einen Einblick bietet Brunschwig 2003, S. 215. Die einschlägige Monographie ist Goldschmidt 1953.
40 Frede 1987, S. 137.
41 Meyer 2009, S. 76.
42 Sellars 2006, S. 63.
43 Menn 1999.
44 Brunschwig 2003, S. 227.
45 Sedley 1982; Sedley 2003; Sedley 2018.
46 Bowin 2002, S. 242.
47 Sedley 1982; Bowin 2002.
48 Sedley 1982, S. 270.
49 Ebd., S. 258 f.
50 Caston 1999.
51 Bobzien 1999, S. 160 f.
52 Brunschwig 2003, S. 220; Caston 1999.
53 Frede 2005.
54 Vgl. ebd.

55 Bobzien 1998; Salles 2005.
56 Meyer 2009, S. 84 f.
57 Ebd., S. 86.
58 Bobzien 1998, S. 301–314; Gourinat 2018, S. 104.
59 Frede 2003, S. 202 f.
60 Frede 1987, S. 141.
61 Frede 2003, S. 193.
62 Ebd., S. 193–196.

Ethik

1 Hadot 1997.
2 Striker 1983, S. 145.
3 Jedan 2009, S. 51.
4 Vogt 2017, S. 187; Jedan 2009, S. 70; zur Willensschwäche vgl. Müller 2009, S. 164–193.
5 Boeri 2009, S. 189.
6 Vogt 2017, S. 187.
7 Vogt 2012, Kap. 7.
8 Vogt 2017, S. 190; Boeri 2009, S. 189 f.
9 Long 1996, S. 23–32.
10 Striker 1991, S. 73.
11 Ebd., S. 14–20; 26 f.
12 Vogt 2004a, S. 73–77.
13 Vgl. z. B. Sellars 2006, S. 108 f.
14 Vogt 2004b, S. 63–67; Barney 2003, S. 330–332.
15 Vogt 2004b, S. 65 f.
16 Barney 2003, S. 317 f.
17 Vgl. Jedan 2009, S. 111; Nussbaum 1994, S. 395.
18 Vogt 2017, S. 193–194.
19 Vogt 2014b.
20 Vogt 2017, S. 195 f.
21 Schofield 2003, S. 242; Annas 1993, S. 159–179; Gill 2006, S. 145–166.
22 Striker 1991, S. 4 f.

23 Jedan 2009, S. 61.
24 Schofield 2003, S. 246.
25 Nussbaum 1994, S. 322–324.
26 Zu Sokrates vgl. Long 1996, S. 2; Long 2002, S. 67–96.
27 Die Stoiker sprechen vom ›Fortschreitenden‹ (*prokoptôn* bzw. *proficiens*).
28 Meyer 2018.
29 Vogt 2006.
30 Inwood 1992, S. 157.
31 Graver 2007.
32 Forschner 2016, S. 156–158.
33 Meyer 2008, S. 170.
34 Reydams-Schils 2005, Kap. 2.
35 Schofield 2003, S. 762; Schofield 1991.
36 Erskine 2011, Kap. 1; Schofield 1999, S. 22–56.
37 Schofield 1999, S. 759.
38 Vogt 2008, S. 60–64.
39 Vgl. Schofield 1991, Apendix A.
40 Eine Übersicht über die Geschlechtertheorie der frühen Stoiker, auch in Abgrenzung zu anderen antiken Autoren, bietet Föllinger 1996. Hinweise auf eine differenzierte Sicht bei Aristoteles hat erstmals Segev 2019 zusammengestellt.
41 Schofield 1991; vgl. Erskine 2011.
42 Vogt 2008, S. 67, S. 71.

Nachwirkung

1 Drei Bände, die die Wirkungsgeschichte in großer Breite behandeln, sind Sellars 2016, Neymeyr/Schmidt/Zimmerman 2008 und Strange/Zupko 2004.
2 Vgl. Bonazzi/Helmig 2007.
3 Vgl. Engberg-Pedersen 2016, S. 29 und Engberg-Pedersen 2000.
4 Vgl. Sorabji 2000, S. 357–371.
5 Zu stoischen Theorie-Elementen bei Augustinus vgl. Byers 2013

und Brittain 2002. Zur Zurückweisung der stoischen Ethik beim späten Augustinus vgl. Sellars 2013.

6 Sellars 2006, S. 156.

7 Ebbesen 2004, S. 125.

8 Sellars 2006, S. 137.

9 Forschner sieht einerseits in der stoischen Praxis der Selbstprüfung, andererseits in Elementen der *oikeiôsis*-Lehre Vorläufer der mittelalterlichen Gewissenstheorie. Die *synderesis*-Konzeption bei Thomas von Aquin sei zudem vorwiegend stoisch, nicht aristotelisch beeinflusst. Vgl. Forschner 2004, S. 131–135, 141–147.

10 Vgl. Marenbon und Orlandi 2001, li.

11 Abaelard erwähnt in der Schrift neben Cicero und Seneca nur Aristoteles' *Kategorienschrift* (§ 85) sowie Platons *Timaios* (§ 219), der ihm als einziges Werk Platons in einer Teilübersetzung des Calcidius vorlag. Vgl. Marenbon und Orlandi 2001, xliv und lii.

12 Arbogast Schmitt ist der Ansicht, dass Duns Scotus (um 1266–1308) eine Wende in der Aristoteles-Auslegung einleitete, welche die nachfolgende positive Rezeption der Stoa in der Spätscholastik (und darüber hinaus) vorbereitete. Bei Duns Scotus bilde das individuelle Einzelding die sachliche Grundlage jeder Erkenntnis; er stehe hier einem empiristischen Rationalitätsbegriff nahe. Vgl. Schmitt 2009. Schmitts Überlegungen hierzu sind von seiner Deutung zur Rezeptionsgeschichte der Antike geprägt, die er in *Die Moderne und Platon* ausführt.

13 Zu Lipsius vgl. Cooper 2004.

14 Ierodiakonou 1999, S. 3.

15 Vgl. Sellars 2011, S. 133.

16 Vgl. ebd.

17 Horn 2008, S. 1099.

18 Ierodiakonou 1999, S. 4.

19 Zeller 1865, S. 26.

20 Dass diese Vorurteile gleich in mehrfacher Hinsicht falsch sind, zeigt Christoph Horn, vgl. Horn 2010, S. 19–21 und Horn 2013, S. 65 f.

21 Zeller 1865, S. 103.

22 Ebd., S. 105.

23 Barnes 1999.
24 Bobzien verweist auf frühere Überlegungen zum Einfluss der Stoiker auf Frege, u. a. auf Gabriel/Hülser/Schlotter 2009.
25 Vgl. Horn 2003; Engberg-Pedersen 1990. Zu diesem Aspekt vgl. Gill 2016, S. 347–349.
26 Vgl. Striker 1991; Vogt 2008.
27 Buddensiek 2008, S. 74.
28 Robertson 2010 und 2016.
29 Die Relevanz stoischer Grundsätze für die militärische Ethik hat Sherman 2005 hervorgehoben.
30 Irvine 2009, S. 212.
31 Informationen über das Projekt: https://humanities.exeter.ac.uk/classics/research/projects/stoicismtoday/. Der Blog ist erreichbar unter: https://modernstoicism.com/.
32 Seriöse Bücher mit akademischem Anspruch sind beispielsweise Robertson 2019; Pigliucci 2017; Pigliucci/Lopez 2019. Auf dem Markt sind allerdings auch problematische Publikationen, die über die antiken Stoiker teilweise phantastische Irrtümer verbreiten. In einem Buch, das auf einer Online-Plattform überwiegend positiv bewertet wurde, fand ich die Behauptung, Epikur sei der erste Stoiker gewesen.
33 Eine lesenswerte Ausformulierung dieser Kritik stammt von Gregory Hays (Hays 2021).
34 Meine Darstellung stützt sich auf Sellars 2018, Appendix.

Literaturhinweise

Siglen und Abkürzungen

FDS Karlheinz Hülser: Die Fragmente zur Dialektik der Stoiker.
LS Anthony Long / David Sedley: Die hellenistischen Philosophen.
SVF Hans von Arnim: Stoicorum Veterum Fragmenta.
Aëtius, *Plac.* Placita Philosophorum. (Thesen der Philosophen.)
Alex. Aphr., *De fato* Alexander von Aphrodisias: De fato. (Über das Schicksal.)
Alex. Aphr., *Mixt.* Alexander von Aphrodisias: De mixtione. (Über die Mischung.)
Aristoteles, *An. post.* Aristoteles: Analytica posteriora. (Zweite Analytik)
Aristoteles, *EN* Aristoteles: Nikomachische Ethik.
Aristoteles, *Pol.* Aristoteles: Politik.
Cicero, *Acad.* Academica 1 und 2. (Akademische Fragen 1 und 2.)
Cicero, *De fato* Cicero: De fato. (Über das Schicksal.)
Cicero, *De fin.* Cicero: De finibus bonorum et malorum. (Über die Grenzen im Guten und Bösen.)
Cicero, *De nat. deorum* Cicero: De natura deorum. (Vom Wesen der Götter.)
Cicero, *Div.* Cicero: De divinatione. (Über die Weissagung.)
Cicero, *Tusc.* Cicero: Tusculanae disputationes. (Gespräche in Tuskulum.)
Clemens von Alexandria, *Strom.* Clemens von Alexandria: Stromateis. (Bunte Teppiche.)
Diog. Laert. Diogenes Laertius: Leben und Meinungen berühmter Philosophen.
Epiktet, *Diatr.* Epiktet: Diatriben. (Unterredungen.)
Epiktet, *Ench.* Epiktet: Enchiridion. (Handbüchlein.)
Epikur, *Kyriai Doxai* Epikur: Kyriai Doxai. (Hauptlehrsätze.)
Eusebius, *Praep. evang.* Eusebius: Praeparatio evangelica. (Vorbereitung auf das Evangelium.)
Galen, *PHP* Galen: De Placitis Hippocratis et Platonis. (Über die Lehren des Hippokrates und Platons.)

Ps.-Galen, *Quod qualitates incorporeae sint* Ps.-Galen: Quod qualitates incorporeae sint. (Dass Eigenschaften unkörperlich sind.)

Gell. *NA* Aulus Gellius: Noctes Atticae. (Attische Nächte.)

Lukrez, *De rerum natura* Lukrez: De rerum natura. (Über die Natur der Dinge.)

Marc Aurel, *Med.* Marc Aurel: Meditationen.

Nemesios, *De natura hominis* Nemesios: De natura hominis. (Über die Natur des Menschen.)

Platon, *Apol.* Platon: Apologie des Sokrates.

Platon, *Euthyd.* Platon: Euthydemos.

Platon, *Gorg.* Platon: Gorgias.

Platon, *Men.* Platon: Menon.

Platon, *Phd.* Platon: Phaidon.

Platon, *Rep.* Platon: Politeia. (Der Staat)

Platon, *Soph.* Platon: Sophistes.

Plutarch, *Alex. Virt.* Plutarch: De Alexandri Magni fortuna aut virtute oratio. (Über die Schicksalsgunst Alexanders des Großen.)

Plutarch, *Comm. not.* Plutarch: De communibus notitiis. (Über die allgemeinen Begriffe.)

Plutarch, *Stoic. rep.* Plutarch: De stoicorum repugnantiis. (Über die Selbstwidersprüche der Stoiker.)

Plutarch, *Virtute morali* Plutarch: De virtute morali. (Über die menschliche Tugend.)

Porphyrius, *Vita Plotini* Porphyrius: De vita Plotini et de ordine librorum eius. (Über das Leben Plotins und die Ordnung seiner Schriften.)

Seneca, *Ep.* Seneca: Epistulae. (Briefe.)

Seneca, *NQ* Seneca: Naturales quaestiones. (Naturphilosophische Fragen.)

Sext. Emp., *M* Sextus Empiricus: Gegen die Mathematiker.

Sext. Emp., *PH* Sextus Empiricus: Grundriss der Pyrrhonischen Skepsis.

Simpl. *Cat.* Simplikios: Kommentar zu den ›Kategorien‹ des Aristoteles.

Stob. Johannes Stobaios: Anthologium. Eclogae physicae et ethicae und florilegium.

Strabon Strabon: Geographika.
Syrianus, *In Met.* Syrianus: Kommentar zur ›Metaphysik‹ des Aristoteles.

Quellensammlungen

Die bedeutendste Sammlung von Zeugnissen stammt von Hans von Arnim. Viele Beiträge verweisen noch auf seine Nummerierung; das Kürzel SVF 345 steht beispielsweise für »Stoicorum Veterum Fragmenta, Fragment Nr. 345«. Der vorliegende Band verweist, wo möglich, auf die Nummerierungen in der Ausgabe von Long/Sedley (LS).

Arnim, Hans von: Stoicorum Veterum Fragmenta. 4 Bde. Leipzig 1903–1905. [Zit. als SVF.]

Hossenfelder, Malte: Antike Glückslehren. Kynismus und Kyrenaismus, Stoa, Epikureismus und Skepsis. Quellen in deutscher Übersetzung mit Einführungen. Stuttgart 1996.

Hülser, Karlheinz: Die Fragmente zur Dialektik der Stoiker. Neue Sammlung der Texte mit Übersetzung und Kommentaren. 4 Bde. Stuttgart / Bad Cannstatt 1987–1988. [Zweisprachig. Zit. als FDS.]

Inwood, Brad / Gerson, Lloyd P. (Hrsg.): The Stoics Reader: Selected Writings and Testimonia. Indianapolis 2008. [Diese Ausgabe bietet eine nützliche Ergänzung zu den Sammlungen von Long/Sedley und Hülser, weil sie die Quellen in fortlaufenden Texten präsentiert, statt sie in kleine Abschnitte zu unterteilen und thematisch anzuordnen.]

Long, Anthony A. / Sedley, David N. (Hrsg.): Die hellenistischen Philosophen. Texte und Kommentare. Übers. von Karlheinz Hülser. Stuttgart 2006. [Zit. als LS. Die Nummerierung von Long/ Sedley wird inzwischen häufig in Einführungsbänden, aber auch in Beiträgen zur Forschungsliteratur zur Stoa verwendet. Die Sammlung ist übersichtlich gestaltet und verfügt über einen verständlichen, philosophisch orientierten Kommentar. Die englische Originalausgabe der Textsammlung *The Hellenistic Philosophers* enthält zudem eine ausführliche, kommentierte Bibliogra-

phie. Erscheinungsjahr der engl. Fassung: 1987; Erscheinungsjahr der dt. Übers.: 1999.]
Nickel, Rainer: Stoa und die Stoiker. Griechisch – lateinisch – deutsch. Auswahl der Fragmente und Zeugnisse. 2 Bde. Düsseldorf 2008.

Literaturempfehlungen

In den letzten Jahren sind viele Einführungen und Gesamtdarstellungen erschienen. 2018 publizierte Maximilian Forschner eine Gesamtdarstellung der stoischen Philosophie mit umfangreicher Bibliographie. Im selben Jahr erschien zudem die *Very Short Introduction to Stoicism* von Brad Inwood. Äußerst eingängig und informativ ist die 2006 publizierte Einführung von John Sellars.

Zentrale Arbeiten zur stoischen Erkenntnistheorie stammen von Michael Frede und Gisela Striker. Für die Debatte zwischen Stoikern und Skeptikern ist der Überblicksartikel von Katja Vogt (2014) lohnend. Die einschlägigen Rekonstruktionen der stoischen Logik stammen von Susanne Bobzien.

Für ein Verständnis der stoischen Physik ist es elementar, sich mit dem stoischen Kausalitätsbegriff zu befassen; grundlegend hierfür ist der Aufsatz von Michael Frede (1986). Hilfreich sind weiterhin Meyer (2009) und Vogt (2018). Ein hilfreicher Beitrag zum stoischen Verständnis von Körper und Mischung ist der Aufsatz von Vanessa de Harven (2018). Einschlägig zur stoischen Kosmologie und Theologie ist der Beitrag von Frede (2005). Das Standardwerk zum Verhältnis von Determinismus und Freiheit ist die Monographie von Susanne Bobzien (1998). Eine aktuelle Gesamtdarstellung zur stoischen Physik stammt von Tieleman (2018).

Zur stoischen Ethik gibt es eine große Fülle an Literatur. Für ein Verständnis des stoischen Tugend- und Glücksbegriffs ist der Aufsatz von Katja Vogt (2017) lohnend. Eine einflussreiche Interpretation zum stoischen Ideal des Lebens im Einklang mit der Natur stammt von Gisela Striker (1991). Zur stoischen Gefühlstheorie gibt es zahlreiche Beiträge. Einen guten Einstieg bietet der Artikel von Friedemann Buddensiek. Eine wichtige Monographie zur Emotionstheorie stammt von Margaret Graver (2007). Zur politischen Theorie sind die Bücher von Malcolm Schofield (1991) und Katja Vogt (2008) einschlägig. Eine Gesamtdarstellung der stoischen Ethik bietet das Buch von Maximilian Forschner (1981).

Die Wirkungsgeschichte der Stoa wird in den letzten Jahren stetig besser erforscht und gewürdigt. Sellars Vorwort zu seinem Sammelband (2016) bietet einen guten Einstieg.

Forschungsliteratur

Ackeren, Marcel van: Die Philosophie Marc Aurels. 2 Bde. Berlin 2011.

– (Hrsg.): A Companion to Marcus Aurelius. Chichester 2012.

Algra, Keimpe [u. a.] (Hrsg.): The Cambridge History of Hellenistic Philosophy. Cambridge 1999. [Diese Ausgabe enthält grundlegende Beiträge zur Stoa-Forschung, etwa eine umfassende Rekonstruktion der stoischen Logik von Susanne Bobzien.]

– Stoic Theology. In: Brad Inwood (Hrsg.): The Cambridge Companion to the Stoics. Cambridge 2003. S. 153–178.

– / Ierodiakonou Katerina (Hrsg.): Sextus Empiricus and Ancient Physics. Cambridge 2015.

Annas, Julia: The Morality of Happiness. Oxford 1993.

– Ethics in Stoic Philosophy. In: Phronesis 52 (2007) S. 58–87.

Bailey, Dominic T. J.: The Structure of Stoic Metaphysics. In: Oxford Studies in Ancient Philosophy 46 (2014) S. 253–309.

Baltzly, Dirk 2003: Stoic Pantheism. In: Sophia 42 (2003) Nr. 2. S. 3–33.

Barnes, Jonathan: Logic and the Imperial Stoa. Leiden 1997.

– Aristotle and Stoic Logic. In: Katerina Ierodiakonou (Hrsg.): Topics in Stoic Philosophy. Oxford 1999. S. 23–53.

Barney, Rachel: A Puzzle in Stoic Ethics. In: Oxford Studies in Ancient Philosophy 24 (2003) S. 303–340.

Becker, Lawrence: A New Stoicism. Princeton 1998.

Bénatouïl, Thomas: Philosophic Schools in Hellenistic and Roman Times. In: Mary L. Gill / Pierre Pellegrin (Hrsg.): A Companion to Ancient Philosophy. Oxford 2006. S. 415–429.

– Stoicism and Twentieth Century French Philosophy. In: John Sellars (Hrsg.): The Routledge Handbook of the Stoic Tradition. London 2016. S. 360–373.
Betegh, Gábor: The Transmission of Ancient Wisdom: Texts, Doxographies, Libraries. In: Lloyd P. Gersson (Hrsg.): The Cambridge History of Philosophy in Late Antiquity. Cambridge 2000. S. 25–38.
Bett, Richard: Pyrrho, his Antecedents and his Legacy. Oxford 2000.
Bobzien, Susanne: Die stoische Modallogik. Würzburg 1986.
– Determinism and Freedom in Stoic Philosophy. Oxford 1998.
– Logic: the Stoics. In: Keimpe Algra [u. a.] (Hrsg.): The Cambridge History of Hellenistic Philosophy. Cambridge 1999. S. 92–157.
– Logic. In: Brad Inwood (Hrsg.): The Cambridge Companion to the Stoics. Cambridge 2003. S. 85–123.
– Ancient Logic. In: Edward N. Zalta (Hrsg.): The Stanford Encyclopedia of Philosophy (2016): https://plato. stanford. edu/entries/logic-ancient/
– Frege Plagiarized the Stoics. In: Fiona Leigh (Hrsg.): Themes in Plato, Aristotle, and Hellenistic Philosophy. Keeling Lectures 2011–2018. Chicago 2021. S. 149–206.
Bocheński, Joseph M.: Ancient Formal Logic. Amsterdam 1951.
Boeri, Marcelo: Does Cosmic Nature Matter? Some Remarks on the Cosmological Aspects of Stoic Ethics. In: Ricardo Salles (Hrsg.): God and Cosmos in Stoicism. Oxford 2009. S. 173–200.
Bonazzi, Mauro / Helmig, Christoph (Hrsg.): Platonic Stoicism, Stoic Platonism: The Dialogue Between Platonism and Stoicism in Antiquity. Leuven 2007.
Bowin, John: Chrysippus's Puzzle about Identity. In: Oxford Studies in Ancient Philosophy 24 (2002) S. 239–251.
Brennan, Tad: The Stoic Life. Oxford 2005.
Brittain, Charles: Non-rational Perception in the Stoics and Augustine. In: Oxford Studies in Ancient Philosophy 22 (2002) S. 253–308.
– (Hrsg.): Cicero: On Academic Scepticism. Indianapolis 2006.
Brunschwig, Jacques (Hrsg.): Papers in Hellenistic Philosophy. Cambridge 1994.
– The Stoic Theory of the Supreme Genus and Platonic Ontology.

In: J. B.: Papers in Hellenistic Philosophy. Cambridge 1994. S. 92–157. [Zuerst erschienen unter dem Titel: La théorie Stoïcienne du genre suprême et l'ontologie platonicienne. In: Jonathan Barnes / Mario Mignucci (Hrsg.): Matter and Metaphysics. Fourth Symposium Hellenisticum. Napoli 1988. S. 19–127.]

– Stoic Metaphysics. In: Brad Inwood (Hrsg.): The Cambridge Companion to the Stoics. Cambridge 2003. S. 206–232.

Buddensiek, Friedemann: Affekte als Defekte oder Weltbezug? In: Hilge Landweer / Ursula Renz (Hrsg.): Handbuch Klassische Emotionstheorien. Von Platon bis Wittgenstein. Berlin 2008. S. 71–93.

Burnyeat, Myles: Socrates and the Jury: Paradoxes in Plato's Distinction between Knowledge and True Belief. Part 1. In: Proceedings of the Aristotelian Society (1980) Erg.-bd. 54. S. 173–191.

Byers, Sarah Catherine: Perception, Sensibility, and Moral Motivation in Augustine: A Stoic-Platonic Synthesis. Cambridge 2013.

Casey, Eric: Educating the Youth: The Athenian in the Early Hellenistic Era. In: Judith Evans Grubbs / Tim Parkin (Hrsg.): The Oxford Handbook of Childhood and Education in the Classical World. Oxford 2013. S. 418–443.

Caston, Victor: Something and Nothing: The Stoics on Concepts and Universals. In: Oxford Studies in Ancient Philosophy 17 (1999) S. 145–213.

Cavini, Walter: Chrysippus on Speaking Truly and the Liar. In: Klaus Döring / Theodor Ebert (Hrsg.): Dialektiker und Stoiker. Stuttgart 1993. S. 85–109.

Christensen, Johnny: An Essay on the Unity of Stoic Philosophy. Copenhagen [2]2012.

Colish, Marcia: The Stoic Tradition from Antiquity to the Early Middle Ages. 2 Bde. Leiden 1985.

Cooper, John M.: Justus Lipsius and the Revival of Stoicism in Late-Sixteenth-Century Europe. In: Natalie Brender / Larry Krasnoff (Hrsg.): New Essays on the History of Autonomy. Cambridge 2004. S. 7–29.

Crivelli, Paolo: Epictetus and Logic. In: Theodore Scaltsas / Andrew S. Mason (Hrsg.): The Philosophy of Epictetus. Oxford 2007. S. 20–31.

de Harven, Vanessa: The Resistance to Stoic Blending. In: Rhizomata 6 (2018) S. 1–23.
Döring, Klaus / Ebert, Theodor (Hrsg.): Dialektiker und Stoiker. Zur Logik der Stoa und ihrer Vorläufer. Stuttgart 1993.
Dorandi, Tiziano: Chronology. In: Keimpe Algra [u. a.] (Hrsg.): The Cambridge History of Hellenistic Philosophy. Cambridge 1999a. S. 31–54.
– Organization and Structure of the Philosophical Schools. In: Keimpe Algra [u. a.] (Hrsg.): The Cambridge History of Hellenistic Philosophy. Cambridge 1999b. S. 55–62.
Ebbesen, Stan: Where were the Stoics in the Middle Ages? In: Strange, Steven K. / Jack Zupko (Hrsg.): Stoicism: Traditions and Transformations. Cambridge 2004. S. 108–131.
Engberg-Pedersen, Troels: The Stoic Theory of Oikeiosis: Moral Development and Social Interaction in Early Stoic Philosophy. Aarhus 1990.
– Paul and the Stoics. Westminster 2000.
– Stoicism in Early Christianity. The Apostle Paul and the Evangelist John as Stoics. In: John Sellars (Hrsg.): The Routledge Handbook of the Stoic Tradition. London 2016. S. 29–43.
Engstrom, Stephen / Whiting, Jennifer (Hrsg.): Aristotle, Kant and the Stoics. Rethinking Happiness and Duty. Cambridge 1996.
Erler, Michael: Epikur oder die Kunst in Gemeinschaft zu leben. In: Gerhard Ernst (Hrsg.): Philosophie als Lebenskunst. Berlin 2016. S. 66–87.
Ernst, Gerhard (Hrsg.): Philosophie als Lebenskunst. Antike Vorbilder, moderne Perspektiven. Frankfurt a. M. 2016.
Erskine, Andrew: The Hellenistic Stoa: Political Thought and Action. London [2]2011. [[1]1990.]
Fine, Gail: Knowledge and Belief in Republic V–VII. In: Stephen Everson (Hrsg.): Epistemology. Cambridge 1990. S. 85–115.
Foot, Philippa: Tugenden und Laster. In: Detlef Horster (Hrsg.): Texte zur Ethik. Stuttgart 2012. S. 279–298. [Originalversion von 1978].
Föllinger, Sabine: Differenz und Gleichheit. Das Geschlechterverhältnis in der Sicht griechischer Philosophen des 4. bis 1. Jahrhunderts v. Chr. Stuttgart 1996.

Forschner, Maximilian: Die Stoische Ethik. Über den Zusammenhang von Natur-, Sprach- und Moralphilosophie im altstoischen System. Stuttgart 1981. [Wiederabdr. Darmstadt 1995.]
- Stoische Oikeiosislehre und mittelalterliche Theorie des Gewissens. In: Jan Szaif / Matthias Lutz-Bachmann (Hrsg.): Was ist das für den Menschen Gute? Menschliche Natur und Güterlehre. What is Good for a Human Being? Human Nature and Values. Berlin / New York 2004. S. 126–150.
- Marc Aurel und Epikur. Über stoische und epikureische *meditatio mortis*. In: Gerhard Ernst (Hrsg.): Philosophie als Lebenskunst. Berlin 2016. S. 91–108.
- Die Philosophie der Stoa. Logik, Ethik, Physik. Darmstadt 2018. [Erste deutsche Gesamtdarstellung der stoischen Philosophie seit Pohlenz.]

Frede, Dorothea: Stoic Determinism. In: Brad Inwood (Hrsg.): The Cambridge Companion to the Stoics. Cambridge 2003. S. 179–205.

Frede, Michael: Die stoische Logik. Göttingen 1974.
- Des Skeptikers Meinungen. In: Neue Hefte für Philosophie. Aktualität der Antike (1979) Nr. 15/16. S. 102–129.
- Stoics and Sceptics on Clear and Distinct Impressions. In: Myles Burnyeat (Hrsg.): The Skeptical Tradition. Berkeley 1983. S. 65–94.
- The Stoic Notion of a Grammatical Case. In: Bulletin of the Institute of Classical Studies 39 (1994) S. 13–24.
- The Original Notion of Cause. In: M. F. (Hrsg.): Essays in Ancient Philosophy. Minneapolis 1987. S. 125–150. [Wiederabdr. in: Anthony A. Long: The Cambridge Companion to Early Greek Philosophy. Cambridge 1999. S. 271–289.]
- Stoic Epistemology. In: Keimpe Algra [u. a.] (Hrsg.): The Cambridge History of Hellenistic Philosophy. Cambridge 1999. S. 295–322.
- Sur la théologie stoïcienne. In: Gilbert Romeyer-Dherbey / Jean-Baptiste Gourinat (Hrsg.): Les Stoïciens. Paris 2005. S. 213–232.

Gabriel, Gottfried / Hülser, Karlheinz /Schlotter, Svena: Zur Miete bei Frege – Rudolf Hirzel und die Rezeption der stoischen Logik und Semantik in Jena. In: History and Philosophy of Logic 30 (2009) Nr. 4. S. 369–388.

Gill, Christopher: The Structured Self in Hellenistic and Roman Thought. Oxford 2006.
– Stoic Themes in Contemporary Anglo-American Ethics. In: John Sellars (Hrsg.): The Routledge Handbook of the Stoic Tradition. London 2016. S. 346–359.
Goldschmidt, Victor: Le Système stoïcien et l'idée de temps. Paris 1953.
Gourinat, Jean-Baptiste: La dialectique des stoïciens. Paris 2000.
– / Barnes, Jonathan (Hrsg.): Lire les stoïciens. Paris 2009. [Zweiteiliger Sammelband; der erste behandelt die zentralen stoischen Theoreme, die während des Hellenismus entwickelt wurden, der zweite die Weiterführungen in der Kaiserzeit.]
– The Ontology and Syntax of Stoic Causes and Effects. In: Rhizomata 6 (2018). S. 87–108.
Graver, Margaret: Stoicism and Emotion. Chicago 2007.
Haake, Matthias: Philosophical Schools in Athenian Society from the Fourth to the First Century BC: An Overview. In: Vincent Gabrielsen / Christian A. Thomsen (Hrsg.): Private Associations and the Public Sphere. Proceedings of a Symposium held at the Royal Danish Academy of Sciences and Letters, 9–11 September 2010. Copenhagen 2015. S. 57–91.
Hadot, Ilsetraut: Seneca und die griechisch-römische Tradition der Seelenleitung. Berlin 1969.
Hadot, Pierre: Philosophie als Lebensform. Geistige Übungen in der Antike. Berlin 1991.
– Die innere Burg. Anleitung zu einer Lektüre Marc Aurels. Frankfurt a. M. 1997.
Hahmann, Andree: Epicurus on Truth and Phantasia. In: Ancient Philosophy 35 (2015) S. 155–182.
– The Stoic Definition of Chance. In: Ancient Philosophy 39 (2019) Nr. 1. S. 175–189.
Hankinson, Robert J.: Stoic Epistemology. In: Brad Inwood (Hrsg.): The Cambridge Companion to the Stoics. Cambridge 2003. S. 59–84.
Hays, Gregory: Tune Out and Lean In. In: New York Review of Books. 11. März 2021. [Eine interessante Replik auf Hays Essay

stammt von Gretchen Reydams-Schils, veröffentlicht als Leserbrief in: New York Review of Books. 29. April 2021.]
Holiday, Ryan: The Obstacle Is the Way: The Timeless Art of Turning Trials Into Triumph. New York 2014.
– / Hanselman, Stephen: The Daily Stoic. New York 2016. [Dt. Übers. 2017.]
Horn, Christoph: Antike Lebenskunst. Glück und Moral von Sokrates bis zu den Neuplatonikern. München [3]2014. [[1]1998.]
– Die stoische *oikeiôsis* als Konzeption der gelingenden Lebensführung und als Moraltheorie. In: Tilman Borsche (Hrsg.): Denkformen – Lebensformen. Hildesheim 2003. S. 95–114.
– Kant und die Stoiker. In: Barbara Neymeyr / Jochen Schmidt / Bernhard Zimmermann (Hrsg.): Stoizismus in der europäischen Philosophie, Literatur, Kunst und Politik. Bd. 2. Berlin 2008. S. 1081–1103.
– Philosophie der Antike. Von den Vorsokratikern bis Augustinus. München 2013.
Hose, Martin / Levin, Christoph (Hrsg.): Metropolen des Geistes. Frankfurt a. M. / Leipzig 2009.
– / Schenker, David (Hrsg.): A Companion to Greek Literature. Blackwell Companions to the Ancient World. Malden/Oxford 2016.
Hossenfelder, Malte: Antike Glückslehren. Kynismus und Kyrenaismus, Stoa, Epikureismus und Skepsis. Quellen in deutscher Übersetzung mit Einführungen. Stuttgart 1996.
Hülser, Karlheinz: Die Fragmente zur Dialektik der Stoiker. 4 Bde. Stuttgart / Bad Cannstatt 1987–1988.
Ierodiakonou, Katerina: The Stoic Division of Philosophy. In: Phronesis 38 (1993) S. 57–74.
– (Hrsg.): Topics in Stoic Philosophy. Oxford 1999.
– Stoic Logic. In: Mary L. Gill / Pierre Pellegrin (Hrsg.): A Companion to Ancient Philosophy. Oxford 2006. S. 505–529.
– The Stoic System: Logic and Knowledge. In: Frisbee Sheffield / James Warren (Hrsg.): Routledge Companion to Ancient Philosophy. London 2014. S. 438–454.
Inwood, Brad: Seneca and Psychological Dualism. In: Jacques Brun-

schwig / Martha Nussbaum (Hrsg.): Passions and Perceptions. Studies in Hellenistic Philosophy of Mind. Proceedings of the Fifth Symposium Hellenisticum. Cambridge 1992. S. 150–183.

– (Hrsg.): The Cambridge Companion to the Stoics. Cambridge 2003. [Die Beiträge in diesem Sammelband sind übersichtlicher und eingängiger als diejenigen in Algra [u. a.] 1999; insbesondere der Überblick über die Schulgeschichte von David N. Sedley ist lesenswert.]

– Stoicism: A Very Short Introduction. Oxford 2018.

– / Gerson, Lloyd P. (Hrsg.): Hellenistic Philosophy. Introductory Readings. Translated, with Introduction and Notes. Indianapolis/ Cambridge 1988.

– / – The Stoics Reader: Selected Writings and Testimonia. Indianapolis 2008.

Irvine, William B.: A Guide to the Good Life: The Ancient Art of Stoic Joy. Oxford / New York 2009.

Jedan, Christoph: Stoic Virtues. Chrysippus and the Religious Character of Stoic Ethics. London / New York 2009.

– / Niko Strobach: Modalities by Perspective. Aristotle, the Stoics and a Modern Reconstruction. St. Augustin 2002.

Krewet, Michael: Die stoische Theorie der Gefühle. Heidelberg 2013.

Lee, Mi-Kyoung: Epistemology after Protagoras: Responses to Relativism in Plato, Aristotle, and Democritus. Oxford 2005. [Paperback 2008.]

– Antecedents to Ancient Skepticism in Early Greek Philosophy. In: Richard Bett (Hrsg.): The Cambridge Companion to Ancient Greek Scepticism. Cambridge 2010. S. 13–35.

Long, Anthony A.: Hellenistic Philosophy. Stoics, Epicureans, Sceptics. London / New York 1974.

– (Hrsg.): Problems in Stoicism. London ^{2}1996. [Erstausg. 1971.]

– Epictetus. A Stoic and Socratic Guide to Life. Oxford 2002.

– Stoicism in the Philosophical Tradition: Spinoza, Lipsius, Butler. In: Brad Inwood (Hrsg.): The Cambridge Companion to the Stoics. Cambridge 2003. S. 365–392.

– / Sedley, David N. (Hrsg.): Die hellenistischen Philosophen. Texte und Kommentare. Stuttgart 2000.

Lorenz, Hendrik: Knowledge, and Inquiry in Aristotle. In: Frisbee Sheffield / James Warren (Hrsg.): Routledge Companion to Ancient Philosophy. London 2014. S. 290–303.

Ludlam, Ivor: Two Long-running Stoic Myths: A Centralized Orthodox Stoic School and Stoic Scholarchs. In: Elenchos 24 (2003) S. 33–55.

Łukasiewicz, Jan: Zur Geschichte der Aussagenlogik. In: Erkenntnis 5 (1935) S. 111–131.

Mansfeld, Jaap: Sources. In: Keimpe Algra [u. a.] (Hrsg.): The Cambridge History of Hellenistic Philosophy. Cambridge 1999. S. 3–30.

– Zeno on the Unity of Philosophy. In: Phronesis 48 (2003) S. 116–131.

Marenbon, John / Orlandi, Giovanni (Hrsg.): Peter Abelard, Collationes. Oxford 2001.

Marmodoro, Anna: Stoic Gunk. In: A. M.: Everything in Everything: Anaxagora's Metaphysics. Oxford 2017a. S. 156–185.

– Stoic Blends. In: Proceedings of the Boston Area Colloquium in Ancient Philosophy 32 (2017b) Nr. 1. S. 1–24.

Mates, Benson: Stoic Logic. Berkeley [2]1961.

Mejer, Jørgen: Überlieferung der Philosophie im Altertum: eine Einführung. Kopenhagen 2000.

Menn, Stephen: Physics as Virtue. In: Proceedings of the Boston Area Colloquium in Ancient Philosophy 11 (1995) S. 1–34.

– The Stoic Theory of Categories. In: Oxford Studies in Ancient Philosophy 17 (1999) S. 215–247.

Meyer, Susan Sauvé: Ancient Ethics. A Critical Introduction. London 2008.

– Chain of Causes. What is Stoic Fate? In: Ricardo Salles (Hrsg.): God and the Cosmos in Stoicism. Oxford 2009. S. 71–90.

– Passion, Impulse, and Action in Stoicism. In: Rhizomata 6 (2018) S. 109–134.

Miller, Jon / Inwood, Brad (Hrsg.): Hellenistic and Early Modern Philosophy. Cambridge 2003.

Müller, Jörn: Willensschwäche in Antike und Mittelalter: Eine Problemgeschichte von Sokrates bis Johannes Duns Scotus. Leuven 2009.

Neymeyr, Barbara / Schmidt, Jochen / Zimmermann, Bernhard (Hrsg.): Stoizismus in der europäischen Philosophie, Literatur, Kunst und Politik. Eine Kulturgeschichte von der Antike zur Moderne. 2 Bde. Berlin / New York 2008.

Nickel, Rainer: Stoa und die Stoiker. Griechisch – lateinisch – deutsch. Auswahl der Fragmente und Zeugnisse. 2 Bde. Düsseldorf 2008.

Nolan, Daniel: Stoic Gunk. In: Phronesis 51 (2005) S. 162–183.

Nussbaum, Martha: The Therapy of Desire. Theory and Practice in Hellenistic Ethics. Princeton 1994.

Opsomer, Jan: Plutarch and the Stoics. In: Mark Beck (Hrsg.): A Companion to Plutarch. Oxford 2014. S. 88–103.

Osler, Margaret J. (Hrsg.): Atoms, Pneuma and Tranquility: Epicurean and Stoic Themes in European Thought. Cambridge 1991.

Pigliucci, Massimo: How to Be a Stoic: Using Ancient Philosophy to Live a Modern Life. New York 2017.

– / Lopez, Gregory: A Handbook for New Stoics: How to Thrive in a World Out of Your Control. 52 Week-by-Week Lessons. New York 2019.

Pohlenz, Max: Die Stoa. Geschichte einer geistigen Bewegung. 2 Bde. Göttingen 1972.

Ramelli, Ilaria: Hierocles the Stoic. Elements of Ethics, Fragments, and Excerpts. Leiden 2009.

Rapp, Christof: Lebenskunst und Naturforschung bei Epikur. In: Gerhard Ernst (Hrsg.): Philosophie als Lebenskunst. Berlin 2016. S. 33–65.

Reinhardt, Tobias: Philosophy Comes to Rome. In: Frisbee Sheffield / James Warren (Hrsg.): Routledge Companion to Ancient Philosophy. London 2014. S. 526–538.

Reydams-Schils, Gretchen: Demiurge and Providence: Platonist Readings of Plato's Timaeus. Turnhout 1999.

– The Roman Stoics. Self, Responsibility, and Affection. Chicago 2005. [Untersucht die Übernahmen bzw. Adaptationen der strengen orthodoxen stoischen Ethik auf die Lebenswelt des römischen Politikers und Familienvaters und stellt die hohe Bedeutung sozialer Beziehungen für die römischen Stoiker heraus.]

Riedl, Tobias: Argument und Dichtung. Dichterzitate bei Chrysipp von Soloi. Baden-Baden 2022.

Rist, John M.: Stoic Philosophy. Cambridge 1969. [Eine klassische Einführung mit einflussreichen Deutungen zur stoischen Ontologie.]

– Categories and their Uses. In: J. M. R. (Hrsg.): Stoic Philosophy. Cambridge 1969. S. 152–172. [Wiederabdr. in: Antony A. Long (Hrsg.): Problems in Stoicism. London 1971. S. 38–57.]

– Stoic Philosophy. Cambridge 1980.

Robertson, Donald: The Philosophy of Cognitive Behavioural Therapy: Stoic Philosophy as Rational and Cognitive Psychotherapy. London 2010.

– The Stoic Influence on Modern Psychotherapy. In: John Sellars (Hrsg.): The Routledge Handbook of the Stoic Tradition. London 2016. S. 374–388.

– How to Think Like a Roman Emperor: The Stoic Philosophy of Marcus Aurelius. New York 2019.

Ruge, Fabian: The Stoic Theory of Sign and Proof. Basel/Berlin 2022.

Salles, Ricardo: The Stoics on Determinism and Compatibilism. Ashgate 2005.

– Roman Stoicism. In: Frisbee Sheffield / James Warren (Hrsg.): Routledge Companion to Ancient Philosophy. London 2014. S. 541–553.

– Why is the Cosmos Intelligent? (1). In: Rhizomata 6 (2018) Nr. 1. S. 40–64.

Sambursky, Samuel: Physics of the Stoics. London 1959.

Schmitt, Arbogast: Anschauung und Denken bei Duns Scotus. Über eine für die neuzeitliche Erkenntnistheorie folgenreiche Akzentverlagerung in der spätmittelalterlichen Aristoteles-Deutung. In: A. S. / Gyburg Radke-Uhlmann (Hrsg.): Philosophie im Umbruch: der Bruch mit dem Aristotelismus im Hellenismus und im späten Mittelalter; seine Bedeutung für die Entstehung eines epochalen Gegensatzbewusstseins von Antike und Moderne. 6. Tagung der Karl und Gertrud Abel-Stiftung am 29. und 30. November 2002 in Marburg. Stuttgart 2009. S. 79–104.

– Die Moderne und Platon. Stuttgart [2]2008.

Schofield, Malcolm: The Retrenchable Present. In: Jonathan Barnes / Mario Mignucci (Hrsg.): Matter and Metaphysics. Fourth Symposium Hellenisticum. Naples 1988. S. 329–374.
– The Stoic Idea of the City. Cambridge 1991.
– Social and Political Thought. In: Keimpe Algra [u. a.] (Hrsg.): The Cambridge History of Hellenistic Philosophy. Cambridge 1999. S. 739–770.
– Stoic Ethics. In: Brad Inwood (Hrsg.): The Cambridge Companion to the Stoics. Cambridge 2003. S. 233–256.
Scholz, Peter: Der Philosoph und die Politik. Die Ausbildung der philosophischen Lebensform und die Entwicklung des Verhältnisses von Philosophie und Politik im 4. u. 3. Jh. v. Chr. Stuttgart 1998.
Schubert, Andreas: Untersuchungen zur stoischen Bedeutungslehre. Göttingen 1994.
Schwab, Whitney: Understanding *epistêmê* in Plato's Republic. In: Oxford Studies in Ancient Philosophy 51 (2016) S. 42–85.
– The Origin of the Concept of Knowledge. [Arbeitstitel, noch nicht erschienen.]
Sedley, David N.: The Stoic Criterion of Identity. In: Phronesis 27 (1982) S. 255–275.
– Hellenistic Physics and Metaphysics. In: Keimpe Algra [u. a.] (Hrsg.): The Cambridge History of Hellenistic Philosophy. Cambridge 1999. S. 356–411.
– Zeno's Definition of *phantasia katalêptikê*. In: Theodore Scaltsas / Andrew S. Mason (Hrsg.): The Philosophy of Zeno. Larnaca 2002. S. 135–154.
– The School, from Zeno to Arius Didymus. In: Brad Inwood (Hrsg.): The Cambridge Companion to the Stoics. Cambridge 2003. S. 7–32.
– Stoics and Their Critics on Diachronic Identity. In: Rhizomata 6 (2018) S. 24–39.
Segev, Mor: Aristotle on the Bodily Proportions, Longevity and Intelligence of Women and Men. [unveröffentlichtes Manuskript. 2019.]
Sellars, John: The Art of Living. The Stoics on the Nature and Function of Philosophy. Aldershot 2003.

– Stoicism. Durham 2006.
– Is God a Mindless Vegetable? Cudworth on Stoic Theology. In: Intellectual History Review 21 (2011) S. 121–133.
– Augustine and the Stoic Tradition. In: Karla Pollmann [u. a.] (Hrsg.): The Oxford Guide to the Historical Reception of Augustine. Oxford 2013. Bd. 3. S. 1775–1779.
– (Hrsg.): The Routledge Handbook of the Stoic Tradition. London 2016.
– Hellenistic Philosophy. Oxford 2018

Sharples, Robert W.: Stoics, Epicureans and Skeptics. London 1996.
– The Problem of Sources. In: Mary L. Gill / Pierre Pellegrin (Hrsg.): A Companion to Ancient Philosophy. Oxford 2006. S. 430–447.

Sherman, Nancy: Stoic Warriors: The Ancient Philosophy Behind the Military Mind. Oxford 2005.

Shogry, Simon: What Do Our Impressions Say? The Stoic Theory of Perceptual Content and Belief Formation. In: Apeiron 52 (2018) S. 1–35.
– Creating a Mind Fit for Truth: The Role of Expertise in the Stoic Account of the Kataleptic Impression. In: Ancient Philosophy 38 (2018) S. 357–382.

Sorabji, Richard: Emotion and Peace of Mind. From Stoic Agitation to Christian Temptation. Oxford 2000.

Stockdale, James Bond: Courage under Fire: Testing Epictetus's Doctrines in a Laboratory of Human Behavior. Palo Alto 1993.

Strange, Steven K. / Zupko, Jack (Hrsg.): Stoicism: Traditions and Transformations. Cambridge 2004. [Beiträge zur Wirkungsgeschichte der Stoa in Antike, Mittelalter, Neuzeit und Gegenwart.]

Striker, Gisela: *Kritêrion tês alêtheias.* Göttingen 1974.
– The Role of *oikeiôsis* in Stoic Ethics. In: Oxford Studies in Ancient Philosophy 1 (1983) S. 145–167.
– Following Nature. A Study in Stoic Ethics. In: Oxford Studies in Ancient Philosophy 10 (1991) S. 1–73.
– (Hrsg.): Essays on Hellenistic Epistemology and Ethics. Cambridge 1996. [Dort sind auch ihre Beiträge von 1974, 1983 und 1991 abgedruckt.]

Tieleman, Teun: Chrysippus' On Affections. Leiden 2003.

- Posidonius on the Void: A Controversial Case of Divergence Revisited. In: Christoph Horn / Christoph Helmig / Graziano Ranocchia (Hrsg.): Space in Hellenistic Philosophy. Critical Studies in Ancient Physics. Berlin/Boston 2014. S. 69–82.
- Stoicism and the Natural World: Philosophy and Science. In: Paul T. Keyser / John Scarborough (Hrsg.): Oxford Handbook of Science and Medicine in the Classical World. Oxford 2018. S. 677–698.

Todd, Robert: Alexander of Aphrodisias on Stoic Physics: A Study of the *de Mixtione* with Preliminary Essays, Text, Translation and Commentary. Brill 1976.

Vasiliou, Iakovos: Ancient Philosophy and Disjunctivism: The Case of the Stoics. In: Casey Doyle / Joseph Milburn / Duncan Pritchard (Hrsg.): New Issues in Epistemological Disjunctivism. Routledge 2019, S. 61–88.

Voelke, André-Jean: L'idée de volonté dans le Stoïcisme. Paris 1973.

Vogt, Katja: Die stoische Theorie der Emotionen. In: Barbara Guckes (Hrsg.): Zur Ethik der älteren Stoa. Göttingen 2004a. S. 69–93.
- Die frühe stoische Theorie des Werts. In: Christian Schröer / Franz-Joseph Bormann (Hrsg.): Abwägende Vernunft. Berlin 2004b. S. 61–77.
- Anger, Present Injustice and Future Revenge in Seneca's *De Ira*. In: Katherina Volk / Gareth D. Williams (Hrsg.): Seeing Seneca Whole. Perspectives on Philosophy, Poetry and Politics. Leiden/Boston 2006. S. 57–74.
- Law, Reason, and the Cosmic City: Political Philosophy in the Early Stoa. Oxford 2008. [Paperback 2012.]
- Are the Stoics Metaphysical Brutes? In: Phronesis 54 (2009) S. 136–154.
- Ancient Skepticism. In: Edward N. Zalta (Hrsg.): The Stanford Encyclopedia of Philosophy (2010): http://plato.stanford.edu/entries/skepticism-ancient/
- Belief and Truth. A Skeptic Reading of Plato. Oxford 2012.
- The Hellenistic Academy. In: Frisbee Sheffield / James Warren (Hrsg.): Routledge Companion to Ancient Philosophy. London 2014a. S. 482–495.

– Taking the Same Things Seriously and Not Seriously: A Stoic Proposal on Value and the Good. In: Dane R. Gordon / David B. Suits (Hrsg.): Epictetus: His Continuing Influence and Contemporary Relevance. Rochester 2014b. S. 55–76.
– (Hrsg.): Pyrrhonian Skepticism in Diogenes Laertius. (Engl./Gr.) Einl., Essays, Übers. und Anm. von K. V. [u. a.] Tübingen 2015.
– The Stoics on Virtue and Happiness. In: Christopher Bobonich: The Cambridge Companion to Ancient Ethics. Cambridge 2017. S. 183–199.
– A Unified Notion of Cause. In: Rhizomata 6 (2018) S. 65–86.
White, Michael: Stoic Natural Philosophy (Physics and Cosmology). In: Brad Inwood (Hrsg.): The Cambridge Companion to the Stoics. Cambridge 2003. S. 124–152.
White, Stephen: Posidonius and Stoic Physics. In: Bulletin of the Institute of Classical Studies 50 (2007) Erg.-bd. 94: Greek and Roman Philosophy 100 BC – 200 AD. Bd. 1. S. 35–76.
Wildberger, Jula: Seneca und die Stoa. Der Platz des Menschen in der Welt. 2 Bde. Berlin 2006.
Zeller, Eduard: Die Philosophie der Griechen in ihrer geschichtlichen Entwicklung. Dritter Theil, erste Abtheilung. Die Nacharistotelische Philosophie. Erste Hälfte. Leipzig [2]1865.
Zuckerberg, Donna: Not All Dead White Men. Classics and Misogyny in the Digital Age. Harvard 2018.

Danksagung

Danken möchte ich an dieser Stelle Christoph Horn, der die Entstehung des Buchs von Anfang an begleitet hat und mir bis zur letzten Minute wertvolle Verbesserungsvorschläge zukommen ließ. Detlef Horster und Mirjam Kotwick haben einzelne Kapitel gelesen und konnten zahlreiche Mängel beheben. Wichtige Hinweise erhielt ich außerdem von Cinzia Arruzza, Simon Critchley, Pip Cummings, Lisabeth During, Gregory Lopez, Michelle O'Brien, Whitney Schwab, Mor Segev und Tobias Thum. Den Teilnehmer:innen meiner Stoa-Seminare an der Universität Bonn danke ich für viele engagierte Diskussionen. Edith Schriefl und Julia Maria Erber-Schropp danke ich für ihre Hilfe beim Korrekturlesen. Ein besonderer Dank gilt Katja Maria Vogt: Sie hat nahezu das gesamte Manuskript kritisch kommentiert und dabei mein Verständnis der Stoiker vielfach verbessert und in entscheidenden Hinsichten vertieft. Zahlreiche Abschnitte dieses Buchs tragen ihre Handschrift.

Für die Begutachtung des Exposés danke ich:

- Prof. Dr. Simone Dietz
- Prof. Dr. Christoph Horn
- Prof. Dr. Detlef Horster
- Prof. Dr. Geert Keil
- Prof. Dr. Ekkehard Martens
- Prof. Dr. Corinna Mieth
- Prof. Dr. Thomas Schmidt
- Prof. Dr. Herbert Schnädelbach
- Prof. Dr. Ludger Schwarte

Unterstützung bei der Erstellung der zweiten Auflage erhielt ich von Lisa-Marie Dreuw, Friederike Schulze, Martin Weigert und Niklas Keller, denen ich dafür herzlich danke. Karlheinz Hülser hat die Einleitung und das Kapitel zur Logik gelesen und mir neben wichtigen Korrekturen eine Vielzahl an Deutungs- und Formulierungsvorschlägen geschickt, die meine Darstellung entschieden verbessert haben. Der Austausch mit ihm war mir eine besondere Freude und Ehre.

Zur Autorin

Anna Schriefl ist Professorin für Geschichte der Philosophie an der Heinrich-Heine-Universität Düsseldorf.

Register